财富自由笔记

Boss Up!

［美］琳赛·蒂格·莫雷诺 ◎ 著
（Lindsay Teague Moreno）
王正林 ◎ 译

中国科学技术出版社
·北 京·

Boss Up!: This Ain't Your Mama's Business Book by Lindsay Teague Moreno
Copyright © 2019 LTM Consulting, LLC
Published by arrangement with Thomas Nelson, a division of Harper Collins Christian Publishing, Inc. through The Artemis Agency.
Simplified Chinese edition Copyright © 2022 by **Grand China Publishing House**
All rights reserved.
No part of this book may be used or reproduced in any manner whatever without written permission except in the case of brief quotations embodied in critical articles or reviews.

本书中文简体字版通过 Grand China Publishing House（中资出版社）授权中国科学技术出版社在中国大陆地区出版并独家发行。未经出版者书面许可，不得以任何方式抄袭、节录或翻印本书的任何部分。

北京市版权局著作权合同登记　图字：01-2022-2169 号。

图书在版编目（CIP）数据

财富自由笔记／（美）琳赛·蒂格·莫雷诺著；王正林译 . —— 北京 ：中国科学技术出版社，2022.8（2024.6 重印）
书名原文：Boss up!: this ain't your mama's business book
ISBN 978-7-5046-9587-1

Ⅰ．①财… Ⅱ．①琳… ②王… Ⅲ．①品牌－企业管理－经验－美国 Ⅳ．① F279.712.3

中国版本图书馆 CIP 数据核字 (2022) 第 086260 号

执行策划	黄 河 桂 林
责任编辑	申永刚
策划编辑	申永刚　方　理
特约编辑	蔡　波　郎　平
封面设计	蔡炎斌
版式设计	孟雪莹
责任印制	李晓霖

出　　版	中国科学技术出版社
发　　行	中国科学技术出版社有限公司
地　　址	北京市海淀区中关村南大街 16 号
邮　　编	100081
发行电话	010-62173865
传　　真	010-62173081
网　　址	http://www.cspbooks.com.cn

开　　本	787mm×1092mm　1/32
字　　数	187 千字
印　　张	9
版　　次	2022 年 8 月第 1 版
印　　次	2024 年 6 月第 2 次印刷
印　　刷	深圳市雅佳图印刷有限公司
书　　号	ISBN 978-7-5046-9587-1/F·1006
定　　价	69.80 元

（凡购买本社图书，如有缺页、倒页、脱页者，本社销售中心负责调换）

致中国读者信

Dear Chinese readers,

 I hope reading *Boss Up!* gives you the confidence to tap into your passion and pursue entrepreneurship. I wrote the book to help women understand that motherhood and running a business can coexist.

 Boss Up! walks you through the ten philosophies I used to build multiple million-dollar producing businesses while raising three daughters. Entrepreneurship gave me personal fulfillment, flexibility, and freedom, and I know it can do the same for you.

 Are you ready to Boss Up?

 I'm rooting for you.

Lindsay Teague Moreno

亲爱的中国朋友：

 希望你阅读《财富自由笔记》后，有信心发挥自己的热情并积极创业。我写这本书是为了帮助大家理解，做了不起父母的同时，你还能成为了不起的老板。

 本书介绍了我建立价值数百万美元企业的10种创富理念。在创业同时，我还抚养着三个女儿。创业成功给了我个人成就感、灵活性和财富自由，我知道它可以给你带去同样的东西。

 你准备好创业做老板了吗？

 我为你加油。

琳赛·蒂格·莫雷诺

BOSS UP!

谨以此书献给我的丈夫迈克尔。

我 10 岁的时候就知道，有一天我能够当老板，但那个时候的我，并没有预料到我会遇见你，并拥有这样美好的爱情。我需要一个特别的人来支持我，而你做到了。所以我认为，得到爱人支持的女孩儿都应该心怀更大的梦想。

权威推荐 Boss Up!

费萼丽
凤凰卫视原资深记者和编导、《女性的力量》作者

当下女性的发展常常在实现个体价值或完成结婚生育之间徘徊，又或在年龄焦虑与压力困境中纠结。但养育3个孩子的琳赛却能合二为一，勇敢地走出了一条独属自己的成功商业之路。善用互联网营销的她既成为了奇迹妈妈，也实现了财富自由。琳赛从无到有的践行思想和实操方法化为书中简单易行的商业十堂课。而，你，只需向前一步，即可拥有。

连芳菲
深圳之窗总编辑、香港浸会大学深圳研究生院特聘讲师

社会总在不自觉地对女性要求过高，希望她文能照顾家庭，武能征战职场，可是很多时候，我们也清楚，这是女性对自己的要求。不是为别人，是为自己，总是要成为更好的自己。如何让这种成长变成顺势而为，而不是形势比人强的结果。《财富自由笔记》的作者琳赛给我们打了一个样，大家都不是天赋异禀的女性，也不是玛丽苏的女主角，琳赛只是一步步走过来，然后回过头剖析这每一步的经历，形成经验并进行分享。所以值得我们普通女性去借鉴、参考，共同生长。推荐大家阅读。

任 丽
壹心理杰出心理咨询师、《我们内在的防御》作者

如何把自己擅长的、热爱的事情变成可以创造财富的事业？琳赛这本《财富自由笔记》，正好顺应了这个女性崛起的时代，让具有一定商业思维的女性都能找到实现财富自由、精神自由以及身份自由的舞台，活出各自精彩的人生。

刘亿蔓
资深系统式家庭治疗师

在当今这个充满机遇与挑战的时代，追求财富自由已成为无数人心中的憧憬和目标。本书从教导读者如何克服内心的恐惧和犹豫开始，逐步引入通过积极的心态和实际行动，实现月收入的增长。书中不仅分享了如何在人生和商业困境中寻找出路，还提供了具体的财富跃迁的内容，涵盖从打造个人IP、差异化竞争，到设置明确底线和积极公关策略等多个方面。无论是初涉理财的新手，还是在财富积累道路上孜孜不倦的求索者，都能在社交媒体时代，展示真实自我、讲述自己的故事来建立信任和连接，从而在财富积累的道路上更加稳健前行。同时，本书也提供了很多实用的建议和灵感，是一部帮助读者理解财富自由内涵、挖掘自身潜力并实现自己梦想的宝典。

潘高峰（Andy哥）
深圳市浩博人力资源咨询有限公司创始人兼首席顾问

重点推荐女性读者，特别是宝妈，有机会一定要阅读本书！本书作者琳赛是一位有3个孩子的宝妈，同时她还是拥有9家公司的女性创业者。

在本书中，琳赛分享了，作为宝妈，如何做无畏的自己，成为硬核妈妈；又通过财富跃迁十堂课，详细分享了，如何在商业竞争中坚持初心、终身成长、持续赢得客户的信任，并获得成功的商业经验。相信会有更多的女性，怀抱无畏的勇气与坚强，最终成为不一样的自己！

约翰·马克斯维尔（John C. Maxwell）
世界著名领导力专家、畅销书《领导力21法则》（*The 21 Irrefutable Laws of Leadership*）作者

对创业者来说，琳赛是一位谦逊、勇敢的领袖。这本书是你实现创业梦想的完美指南。

汤娅·道尔顿（Tonya Dalton）
inkWELL出版社CEO、《错过的快乐》（*The Joy of Missing Out*）作者

我创办公司时就希望拥有这样一本创业指南。琳赛提供了切合实际的商业建议，并描述了她既当妈妈又当创业者的故事。这本书充满极富感染力的热情和实用的技巧，如果你想发展自己的事业，那么它值得一读。

查琳·约翰逊（Chalene Johnson）
商业和生活方式专家、畅销书《131方式》（*131 Method*）作者

本书应该是每位女性创业者的必读书目。它告诉你，作为一位母亲、妻子和老板，需要付出些什么，可以期待些什么。琳赛那种引人共鸣的幽默让你忍俊不禁，同时，等你欣然地接受关于心态、策略和技能的宝贵课程后，就可以所向披靡地在生意场上杀出一条生路了。

杰瑞德·特纳（Jared Turner）
年轻生活精油公司（Young Living Essential Oils）总裁

我和琳赛是在工作中认识的。在我们相识的这7年中，她怀着极大热情帮助女性朋友找到人生目标，她的行动一直深深地激励着我。她向世界各地的女性表明，无论环境如何，只要找到正确的方法、独特的视角并保持真诚，每一位女性都能取得成功。本书是她为世界各地的"妈妈创业者"无私奉献的又一佳作。如果你对创办公司感兴趣，想成为一名思想领袖，或者只是需要增加一些生活的动力，那就读读这本书吧。

杰夫·金斯（Jeff Goins）
畅销书《工作的艺术》（The Art of Work）作者

在一个很容易称自己为企业家的时代，这本书将向你揭示创业的艰辛、美好和回报。本书是我读过的关于经营企业的最实用的指南，每一位女性都该读一读。

杰西·埃克斯特姆 (Jess Ekstrom)
希望发带创始人、《追逐光明的一面》（Chasing the Bright Side）作者

7年前我刚开始创业的时候，她还没有写出这本书。琳赛拥有敏锐的头脑和一丝不苟的创业态度。同时她有一颗善良的心，她与生俱来的幽默感使人们一见到她，就想和她聊上几个小时。我是一位暂时还没有孩子的创业者，我希望将来我也会有孩子，读这本书使我保持乐观。它不是一个普通选项，而是一个美妙的选项。

推荐序 Boss Up!

"吸粉"、创建平台、销量飙升……
与琳赛一起,即刻成为快乐赚钱的行动派!

《纽约时报》畅销书作家
《企业》(*INC.*)杂志 100 强领导力演讲者
乔恩·阿卡夫(Jon Acuff)

我第一次见到琳赛是在美国犹他州中部的一片田野。

我的周围是白雪皑皑的山脉,还有平常只能在电影里看到的骏马,以及成百上千个漂亮的帐篷。

琳赛站在一群人中间开怀大笑。她是我遇到过的最友善的人。她举办这个活动是为了向几百位朋友传授她成功创业的心得。她觉得,"在星空下忙活"是一件很快乐的事。

我以为我是在那里教别人,但我错了。我是在那里学习。

琳赛与众不同。

你见过这样的人吗？

在他们眼里，世界就是一场冒险，挑战就是机遇。他们会把远方的地平线当成旅行的邀请函。

最棒的是，他们鼓励你一同旅行。

现在，我正坐在琳赛家的客厅，与她和她丈夫迈克尔讨论我的新书《收官》(Finish)。我以演讲和写作为生，所以每每有新书出版，对我的事业来说都是重要时刻。跟往常一样，我又向琳赛寻求建议。

她给了我许多很好的建议，包括这本书中提到的观点。然后，她叫我离开我的舒适区。

"现在，让我们以你的新书为话题做一场视频直播吧。"

我有些犹豫。新书还没有发售，甚至连个封面都没有。你是否也和我一样，曾对自己的商业创意感到忧虑，认为它还没有准备好迎接黎明的曙光。也许你一直对某个"如果……会怎样"的想法守口如瓶。那样的话，你千万别和琳赛在一起。否则，她会说服你立刻行动起来。

琳赛说服了我，那天晚上，在与她的粉丝进行了短暂的直播交流后，我的书一跃成为亚马逊网站上最具影响力的书籍之一，预售量飙升。出版商惊呆了，他们问我："昨晚发生了什么？"

我说："这是琳赛一手操作的。"我对她打造商业受众群体的能力以及她和我分享这种能力的慷慨感到惊讶不已。

我本不该惊讶，琳赛向来如此大方。有一次，为了参加她举办的一场活动，我需要住酒店。而当我进到房间里时，惊讶地发现有150件礼物整整齐齐地摆放在沙发上。原来，在活动开始前几个月，她就要求参与者从各自的家乡给我带一件特别的礼物。我感动得热泪盈眶，但马上又开始犯愁:"该怎么把这些礼物都带回家呢?"

然后我看了看那堆礼物。它们被装进了世界上最大的塔米行李箱。琳赛已经仔细考虑过这一刻的每个细节,这让人不得不感叹,这就是精明的商业领袖经常做的事情。

> 当我说琳赛擅长创业时,我会想起犹他州的那次活动。
> 当我说琳赛十分擅长"吸粉"和创建平台时,我会想起那天晚上她在短短几分钟内就使我的书大卖的经历。
> 当我说琳赛对待生活有一种富有感染力的乐观态度时,我会想起那个塞满了礼物的酒店房间。

很多人写励志书,也有很多人写商业书籍,但是真正能够重新定义某个行业,并向人们分享经验的人却很少。而琳赛做到了。这就是我一直向她寻求建议、一直在她的活动上演讲的原因。

现在,你可能没有站在犹他州的田野里,不过我真希望你到过那里。只有亲眼所见,你才能相信那里的马有多么的俊逸。我十分相信那个农场里真的有一头能带你实现梦想的独角兽。

也许你10年后才开始踏上创业之旅,又或许10分钟后就有了一个全新的创意。你可能已经清楚地知道了自己想做什么,也可能只是单纯地坚信自己将来会创业。

不管你现在怎样,我都希望你能来到琳赛的世界中。

那里是明亮的、诚实的、有趣的、富有创意的。那里将为你的创业带来意想不到的收获。准备好自己当老板吧。

导 言 Boss Up!

我牢牢抓住了这个时代给我的每次机会

我的生活中经常会出现一种噩梦里才有的场景：我乘坐的飞机在空中疯狂地上下晃动。飞行员可能管这叫作"轻微颠簸"，但我觉得飞机是在做"俯冲前的预警"。

空姐们步履稳健地在过道里走来走去，面带微笑，完全没有意识到这种情形对某些人来说犹如死亡的前奏。尽管空中小姐步态优雅，毫不惊慌，但对我消除恐惧却没有任何帮助。她们的步履声简直是催命符。这令人恐慌的一切必须马上停下！

我得想办法向坐在我旁边5岁的孩子解释这一切。在我思考该如何解释我们就要"骑着火球冲向地面"时，她正面带微笑，一边在平板电脑上看《小黄人大眼萌》(*Minions*)，一边把玩着一盒橙色的糖，对于飞机的剧烈晃动浑然不知。空姐给了我一袋混合口味的蝴蝶脆饼，让我缓解一下紧张的情绪。这个时候让我吃东西？我根本就没有胃口。

搞什么！你以为这是开派对吗？

我问自己："为什么总让自己活得那么被动？"

这就是我的日常生活。我每次乘飞机，都会遇到很多颠簸。去年，我和丈夫迈克尔成了不折不扣的"空中飞人"，累计飞行超过32万千米。他对陪着我飞来飞去的工作非常"喜爱"，总是看着我，好像我疯了一样，说些对我毫无帮助的话，比如"没事的""停下来"或"冷静点"。此刻，我正紧紧地抓住座椅的扶手，仿佛攥着自己的命运。可怜的迈克尔，我确信他那天一定很后悔在陪我搭乘这趟"死亡航班"前说了"我愿意"。

不想当全职妈妈的我，已坐拥9家企业

5年前，我开始了自己的第一次创业。两年后，我一个人就为全家挣到了7位数的收入。"自己当老板"的这个决定源于我曾经有过的一种类似于坐飞机的感觉，我控制不了自己的生活，我正在失去我的生活。我一直生活在这样一种观念里：我是唯一一个感到恐慌的人，我应该为自己不喜欢做全职妈妈感到羞耻。

我的创业之路，绝非一帆风顺，但它确实为我和我的家人提供了很多的机会。如今，我和我丈夫坐拥9家企业，而作为一名播客主播和作家，我还想帮助更多的女性，尤其是妈妈们，走向创业之路。

复杂的生活常使我措手不及。38年的人生经历使我认识到，如果能深入纷杂的生活控制住混乱，我就会走向成功。正因为如此，即使我对飞行的恐惧是如此强烈，去年我还是搭乘飞机四处商务旅行。

我猜想，假如我能坚持足够长的时间，就能得到一些很棒的收获。

但现在，我们坐的飞机感觉就像是一颗蹦到空中的弹球。我环顾四周，打算看着飞机上除了迈克尔之外所有人的眼睛说："让我们在死亡降临前牵起手一起祈祷吧！"然而，似乎所有人都不担心他们的生命即将结束，也不担心CNN（*Cable News Network*，美国有线电视新闻网。）会把我们的照片显示在屏幕上，用一小时的时间来报道这次即将要到来的灾难。根本没有人回应我四处搜寻的目光。

"为什么其他人没像我这么慌张？"我再次疑惑，"好吧，只有我一个人这么担心。随你的便吧，23排C座。"

飞行确实让我的生活变得更有意义了。因为，没有什么比濒临死亡，或者空姐提供的煮过头的意式馄饨更能帮助我们弄清楚，什么才是生命中最重要的事情。

这就是为什么我想和你们分享我的故事。这个故事不只有收获与美好，还有失败与痛苦。但正因为这样的经历，我才有了与众不同的人生。希望我的故事能帮助你开启自己的成功之路。

跳出思维陷阱，走出人生困局

我发现，那些看起来最为成功的人，往往更愿意讲述他们经历过的一些糟糕的事情。这是我观察到的他们的共同点。我在商界打拼时总是有意地模仿他们，因为他们从失败、伤痛以及生活中真正可怕的事情中，学到了有助于他们转换思维模式的新方法。

我敢说，这些经历一定会让他们感激匆忙的生活。我们不该隐瞒这些经历。如果说它们在我们心中创造了一种想要做得更好、做得更多的渴望，那我们为什么不将自己经历过的悲剧甚至失败当成一枚荣誉勋章，向世人展示呢？为什么我们害怕别人看到盔甲上的裂缝呢？这样的裂缝，每个人都有。

我是一个特别喜欢观察别人的人，而且一直都在观察。过去，我观察别人主要是为了和他们比较。我能做到她做的事情吗？我会做得比她更好吗？她是不是拥有一些我没有的东西？是什么让她比我优秀？

当然，那时我并没有因此过上更好的生活。然而现在，随着我变得成熟，我观察别人的原因发生了转变，更多地将这种观察看作是一种偷师，即在别人不知道的情况下，远远地学习。

这种学习有时确实是不动声色地进行的。正如我观察到的那样，那些看起来拥有一切的人其实并不是真的拥有一切，那都是表象。有天你会发现，那些完美的人也会在互联网上长篇大论，吵来吵去。真相最终都会以某种方式呈现。所以，为什么不从一开始就坦白呢？

一天中时间有限，没有人能完成所有的事。没有哪个妈妈能够一边做出形状完美的馅饼和精巧的手工制品，一边还能让宝宝整天面带微笑。谁想努力达到这样的标准？反正不是我。

如果非要让我在家里那个可爱的自制白板上写下一份完美的膳食计划表，还要让写字用的彩笔颜色和墙壁的颜色搭配协调，同时还要把礼物柜里的东西收拾得整整齐齐，那我只能说，我没有那么多时间。我觉得现在这样挺好的，我能把时间花在真正重要的事情上。

只要重拾梦想，每个人都是人生赢家

这本书是我的创业故事。我将自己在创业过程中积累的重要经验和接受到的教训交织在一起，各行各业的人都可以用到它。这并不意味着我什么都会，也不是说我能指引你踏上完美的成功之路。但是，在创业过程中我确实学到了许多东西，自己也做得还不错。如果我能助你迈向成功，那正合我意。我要尽量做到真诚、坦率，因为我想帮助那些和我有相同经历的妈妈们，让居家带娃的妈妈们也找到生活目标，让我们都成为人生赢家。

作为一名成功的"妈妈创业者"，我知道我卖的东西要有精准的受众目标。我的目标受众是像我一样梦想着自己成功创业的妈妈们。也许此刻的你就像 5 年前的我一样，是一个感受不到幸福的全职妈妈；也许你一边工作，一边照顾家庭，却始终找不到工作与家庭的平衡点。那就请你认真地读一读我的书吧！

如果你符合以上任何一种情况，那么这本书就是为你而准备的。事实上，我在创业过程中学到的人生哲理，可以让任何想要创业的人受益。哪怕你是一个从未打算要孩子的未婚小伙子，过滤掉其中关于当好妈妈的内容，你也可以从这本书中得到一些收获。这本书的核心是为你提出更好的创业建议，帮助你发展自己的事业，而不是让你在创业的同时成为一位完美的妈妈。

朋友们，你们准备好了吗？该系好安全带了。也许你觉得自己是周围人中唯一丧失了理智的人；也许你不知道该如何实现一直深埋在心底的梦想；也许你曾经失败过，这些都没关系。因为这些都不重要，重要的是你已经出现在了这趟旅程的起点。其实,对于大多数人来说,对旅行的恐惧足以彻底粉碎他们的梦想。现在,是时候自己当老板,去创造你想要的生活了。

目 录 Boss Up!

第 1 章　做无畏的自己　　1
你也可以成为更酷、更强大的硬核母亲　　4
反内耗：不要让攀比、纠结、自责损耗我们的能量　　6
成为快乐的有钱人，从每月多挣 500 美元开始　　14

第 2 章　向前一步，做你真心想成为的自己　　17
8 岁时，我就梦想当一家公司的老板　　19
我不想活成只为生存或晋升打拼的样子　　25
我的勇气和酷爱拯救了我们全家　　30
心花怒放的生活，即将扑面而来　　34

第 3 章　人生困境重重，但成功的蜕变有法可循　　37
找到你的"热爱"，然后奔赴山海　　41

倾听内心的声音，释放激情与坚持的力量 43

在通往财富自由的路上，乘风破浪 46

第 4 章 财富跃迁第一课：
从长远考虑，遵循并执行每个步骤 55

差异化竞争，让产品抢占市场 C 位 57

勾勒用户画像：锁定核心客户 62

更好的名字，会带来更好的"钱"途 66

打造个人 IP：最能代表公司的就是你自己 69

花时间和精力在公众面前营销自己 72

为个人和公司设定明确的底线 84

一开始就要明确自己想当创业者还是自由职业者？ 88

第 5 章 财富跃迁第二课：
展示真实自我，哪怕在社交媒体上 93

要理直气壮地做自己 95

做你自己，让客户相信你，才有可能买你的产品 98

在谎言基础上建立的商业品牌，一定会让你失败 99

当你怀疑自己时，请重新盘点自己的优势并马上运用 102

专注于正在做的事情，你会收获更多成功和幸福　　103
勇于展现真实自我，自然会收获众多"铁粉"　　105

第 6 章　财富跃迁第三课：
要敢于说出你的故事，所有的故事！　　107

所有有效的营销，都使用了讲故事的形式　　112
客户购买的不是产品，而是感觉、情感、人和故事　　115
表现自己的不完美，和粉丝建立坦诚的关系　　118

第 7 章　财富跃迁第四课：
创造和发布的内容与品牌始终一致　　121

摆脱思维桎梏，追求你想要的　　122
你不必将所有的客户都当做上帝　　124
你在社交媒体上不能只为产品做广告　　126
花时间创作你自己的原创内容　　128

第 8 章　财富跃迁第五课：
善用"反销售策略"，深挖客户需求　　133

懂套路≠懂顾客　　135

同理心可能让你赢得潜在客户更多的忠诚和信任	141
积极的倾听技巧如何提高你的销量?	145
超实用的6法则,获得顾客的忠诚	150

第9章 财富跃迁第六课:相信积极情绪的力量 163

试着热爱生活,热爱你所做的事情	165
"THINK"原则:打造正能量氛围	166
做个积极又专业的领导者	170
可以坦白,但不要卖惨	174
正面营销较安全,负面营销难把控	176
危机来了?别怕,积极公关	179

第10章 财富跃迁第七课:终身成长,让我们从平庸到完美 185

成功或失败,都别停下	187
放下自我:承认错误是进步的开始	189
站在巨人肩膀上	192
机会来了,那么也帮帮别人吧	196
想成长吗?对挑战和创新说"OK"	197

第11章 财富跃迁第八课：
坚持初心，与创业理想建立深层联结　　199

你生命的意义是什么？　　202
谈钱不俗，有目标才有动力　　203
为什么早起？　　204
分享，也是一种收获　　207

第12章 财富跃迁第九课：
为你的创业做好长期、全面的规划　　209

第一条原则，是要确保自己赚钱　　211
完善财务管理：让公司合法、高效地赚钱　　213
你不必孤军奋战　　219
创业精神是什么？克服恐惧、勇往直前！　　222

第13章 财富跃迁第十课：
设定目标，努力工作，拒绝失败　　229

"SMART"原则：设定可实现的目标　　231
实现梦想不容易，但值得　　238
你可能是自己通往成功的最大障碍　　239
烧掉"受害者"旗帜　　244

勇者永不落寞，永远直面挑战　　　　　　　　246

结语 /

命运偏爱勇者，继续向前一步　　　　　　　　251

关于作者 /

流量创富时代，集家庭与事业于一身的女性励志典范　　253

附录 /

向前一步&勇敢进取　　　　　　　　　　　　255

后记 /　　　　　　　　　　　　　　　　　　260

Boss Up!

第 1 章

做无畏的自己

如何拥有掌控事业、家庭以及金钱的勇气

你看过《时空恋旅人》(*About Time*)这部电影吗?这是我最爱的电影之一。电影中有这样一个场景:Tim的父亲(比尔·奈伊饰演)选择了在自己即将离世前站在他已成年的儿子(多姆纳尔·格里森饰演)面前,他做出选择的那一刻,我不禁泪如雨下。因为我知道,这是我们每个做父母的人都会做出的抉择。电影中的这位父亲选择回到过去,和他青春期的儿子一起在海滩度过了整整一个下午。他们奔跑、嬉笑、打闹,除了消磨时光,什么也没做。

我不知道你们怎么想,但对我来说,为人父母真的很难。无论是生理上还是心理上,都非常难。然而在这些艰难的时刻,你可以感受到身为父母的爱与快乐。孩子们闹腾了一整天后,我会感到非常沮丧,但等到孩子们入睡后,我反而会想念他们。我和丈夫一起去度假,假期刚过3天,我就希望我的3个女儿能在身边。为人父母,好像就注定了要处在充满矛盾情绪的旋涡中。

女儿5岁之前那几年,对我来说极具挑战性。现在两个大女儿已经超过10岁了,小女儿也已经8岁了,我变得更喜欢和她们在一起了,主要是因为她们长大一些了,我可以和她们聊天了。然而,有时候我也渴望能回到过去,看着她们趴在我的胸口上睡觉,或者用一双圆胖、可爱的小手采摘一把野草,递到我的手中。这样的场景总让我想要生养更多的孩子,不过接下来我又会意识到:"养育孩子就是让我们无法拥有其他美好东西的原因!"于是,我很快就改变了主意。

请别误会我的意思。我爱我的丈夫,并且我对3个女儿的爱胜过了生命中的一切。如果必要,我愿意为她们中的任何一个人挡子弹。但是,有些时候,我不喜欢和她们在一起,还有些时候,她们快把我逼疯了。当我坐在沙发上写这一章的时候,孩子们正穿着塑料高跟鞋在大厅里跑来跑去,用遥控器玩着《小马宝莉》(My Little Pony)的玩具汽车。她们发出的噪声太大了,我真想疯狂地大吼:"我要把你们都扔出去。"你肯定听过那样的声音,我们都听过那样的声音。

我不是完美的母亲,我的孩子也绝非完美。你想让我证明一下我所言非虚吗?看看下面的这个行为清单吧!

- 我会用平板电脑来打发孩子。
- 我的女儿们在学校里有时候会跟不上课程进度。
- 我的一个女儿害怕除了万里无云的晴天之外的其他天气。
- 另一个女儿总是喜欢向别人索要她想要的东西,即使她知道这是不好的行为。
- 我百分之百确定我的一个女儿有听力问题,虽然她的体检结果显示正常。因为她听到我的指令时总是没反应。
- 我不是那种"班主任妈妈"。

- 💎 当我下棋赢了孩子们时，我会感到非常自豪。
- 💎 孩子们把东西弄得一团糟后，我讨厌去洗衣服和打扫卫生。
- 💎 我教孩子们礼貌用语，但有时也在孩子面前说脏话。说实话，只要她们不是在家里，不去针对某一个人，我甚至不在乎我的孩子是否说脏话。你现在可以安心睡觉了，因为你比我更称职。
- 💎 坦率地说，为了能得到片刻的安静，我会在商店里给孩子买甜麦片和糖果零食，尽管我知道它们不健康。

所以说，我不是一个完美的妈妈，但是我已经做得足够好了，这就够了。你知道为什么吗？因为我爱孩子们胜过爱生活本身。为了她们，我能放弃一切。必要的话，放弃事业我也在所不惜。

但好消息是，我不必做出选择。如果你和我一样是位妈妈，那么你也不必在孩子和事业之间做选择。因为，你既可以做一位了不起的老板，也可以当一位了不起的妈妈。

你也可以成为更酷、更强大的硬核母亲

妈妈有许多不同的类型，但是在这本书里，我们主要关注两种不同的类型。这两种类型并不是用来做比较的，也无法根据她们的特点来评判好坏。她们都能以自己的方式成为伟大的母亲，只是风格不同罢了。也许你是徘徊在这两种妈妈之间的，这也没关系。你可以选择成为什么样的妈妈，成为什么样的老板。底线是：别担心，你干得

不错!根本就不存在那种"完美的"妈妈。

第一类妈妈是全职妈妈,就像我的嫂子布列塔尼(Brittany)。这类女性可能一直想要孩子,为人父母让她们感到非常满足。当孩子进入她的生活,她会认为一切改变都是最好的,是符合她梦想的。孩子们赋予了她生命的意义。从孩子们到来的那一刻起,她就知道"当妈妈"是她的人生使命。

当然,有时候我的嫂子也会感到沮丧,希望孩子能好好睡觉。但总的来说,她很享受为人母的角色,也非常喜欢做家庭主妇。她照顾孩子、收拾屋子、指挥孩子们参与活动,使得一切都顺利进行。她也从这些事情中获得了乐趣。她为自己对家庭的贡献感到自豪。身为妈妈,布列塔尼热爱自己的工作,每天和孩子们在一起的时间她都精力充沛。她喜欢看着自己的孩子成长,不想错过任何一分钟。

这种女人天生就适合待在家里。她们把家庭和孩子放在第一位,乐意为家庭做出奉献和牺牲,可以称之为全职妈妈。

第二种妈妈是和我一样的事业型妈妈。这种妈妈会因为有了孩子而感到兴奋,认为孩子们可以改变她。她觉得,从医护人员把孩子放在她的臂弯里开始,她的生命就有了意义,她所有的梦想和渴望都将轻松地转向孩子。她会经常在午夜给孩子喂奶,并且等到孩子长大一些时,和他们一同去参观科学展览馆。遗憾的是这一切并没有发生。

相反,这种类型的妈妈不得不向自己承认,她们需要孩子,超过了孩子需要她们。同时,她当妈妈之前的梦想和渴望并没有因为孩子的出生而消失。她爱她的孩子们,但也无法动摇这种信念:她的人生不只是照顾孩子。**当有机会将自己的天赋和才能用在家以外**

的地方时，她知道这样的自己才能成为更好的母亲。她爱自己的孩子们，同时她也坚持自己的事业，可以称之为事业型妈妈。

如果你正在读这本书，我猜想这是因为你可以理解第二种类型的妈妈：你也萌生了对工作的渴望，也想像我一样，在家工作，拥有自己的公司，并通过这家公司赚钱。

这种想法并不意味着你不适合做妈妈。恰恰相反，我认为妈妈们通常都是了不起的商业女性，有能力通过自己的产品和个性来使这个世界变得更加美好。所以，我不想让你将自己的人生道路和其他妈妈的人生道路进行比较。我可以肯定：有些妈妈想把所有的精力都放在家庭和孩子身上，有些则想在外面工作，还有些想开创自己的事业，这些选择都没错。她们都在为家庭做贡献，只是方式不同。

把自己和其他妈妈进行比较，既令人沮丧，又毫无意义，只会适得其反。但我们还是会经常比较，不是吗？这本身就是一种很难戒除的习惯。

反内耗：不要让攀比、纠结、自责损耗我们的能量

有没有一位你在现实中认识的，或者在社交媒体上关注的妈妈，她在各方面看起来都很完美？

她有10亿粉丝。她的房子被精心地布置成波希米亚风格，让人们看了以后觉得自家屋子十分俗气。自拍照中的她从各个角度看起来都像女神。她滔滔不绝地说自己有多喜欢和孩子们在一起，孩子们时时刻刻都像天使一样在房间里安安静静地玩耍，而她根本不需要用平

板电脑来当孩子们的保姆。她是怎么做到的？她竟然有时间做头发和化妆！算了，还是不要去想了。

生活中总有各种各样的妈妈。在我的社交媒体软件上，曾经有一位妈妈常常给我发信息，向我展示她完美的生活。她经常发给我她有着完美妆容、穿着最小码牛仔裤的照片，还告诉我她的生活很完美。她做的每一件事、拥有的每一样东西，或者在我面前表现的一切，都让我感觉她是在炫耀她的生活。直到后来我才意识到，我一直在拿自己的生活与她的生活做比较。最终我发现，她的生活标准既不是我向往的，也不是我渴望达到的。

惊喜不惊喜？意外不意外？我们原本就是不同的人，我们优先考虑的事情也各不相同。她优先考虑的是做些漂亮的事情，因为那是她看重的。这并没有错！我倾向于将真实摆在漂亮之前，甚至这种真实到了令人有些尴尬的地步。那又怎样呢？我记录的是真实的生活，因为这才是我看重的。我也没错。我的孩子们每天早上醒来的时候都像是从搏击俱乐部里回来的一样，而她的孩子们醒来后则像是要去接受超模泰拉·班克斯(Tyra Banks)的评审，但这并不意味着我的生活不好。换句话说，她是她，我是我。更确切地说，我在和自己玩攀比游戏。

财智悟语

如果你发现自己正在玩攀比游戏，可以做以下几件事：
1. 意识到你自己才是问题所在。别人并没有拿他们的故事和你的比较。他们只是用自己的方式讲述自己的故事。

2. 请记住：任何时候，没有什么是完美的，也没有哪个家庭是完美的。有些人不想和别人分享生活中糟糕的事情，这是人之常情。

3. "取消关注"这个按钮是你的朋友。如果有人在社交媒体上让你感到自己的生活很糟糕，不要再关注那个人！我常常怀疑我们是不是故意通过社交媒体上的信息来折磨自己。

4. 不要因为没有安全感就去贬低别人。不要发送攻击性的电子邮件或信息。不要发布匿名伤人的评论。我们对其他女性的感觉，更多地反映了我们自己的主观判断，猛烈抨击只会加剧伤害和误解。

5. 当你发现自己在与他人攀比时，立即写下在你生活中 3 件要感恩的事。感恩和攀比好比一对敌人，"有他没我，有我没他"。

我也一直在克服攀比，适合你的不一定适合别人。作为不同类型的妈妈，我们可以拥有不同的优先事项，每个人可以求同存异地生活下去。但很多时候，我们会认为某些育儿方式是普遍适用的，因此其他人也必须认可我们的方法。

说实话，我害怕一些女性，但同时也喜欢她们。她们是我的粉丝、朋友圈的朋友和家中的亲人，也是对我批判得最厉害的人。当她们不同意我的观点时，说话往往最刻薄，而且会发送负面的电子邮件，有时还会发表让我感到难过的评论。她们是谁？妈妈和教会里的姐妹。

我是以一个妈妈和基督徒的身份说这番话的。一直以来，我花了很多时间调整自己,以确保我是这两个群体中变革的引领者。并不是所有刻薄对待我的人都能同时来自这两个群体,但这已经足够让人感到恐惧和惊慌了。一个渴望成长的正常人是不希望总被负面信息影响的。毕竟,让人感到不安和惊恐的环境是不能激励女性踏上创业之旅的。

我不知道你是怎么想的,但我一点也不想加入一个会在意见不一致时相互贬低的群体。我希望自己不必在孤注一掷地说出真相时,担心有人在网上抨击我的人格。我已经厌倦了在社交媒体上看到妈妈们评论另一位妈妈在食物、睡眠、学校等方面的决定是多么的愚蠢。然而,我们就是生活在这样一种妈妈文化之中。

我讨厌每次谈论自己为人父母的方式时,总有人对我品头论足。我讨厌妈妈文化让妈妈们因为她们的决定而感到羞愧。我讨厌我们害怕展示自己养育孩子时糟糕的一面,因为担心其他人会因此批评我们。难道就没有可以让所有人坦诚相待的地方吗?难道我们没有最终的权利去决定什么才是对我们的孩子最好的,是我们想做就去做的吗?

我相信有这样一个地方。但我们必须主动去创造它,必须发挥领导作用。

身为妈妈,别再担心别人的孩子了,专注于自己的孩子吧!让我们宽宏大量、不再批判,而是真正地互相支持吧!当我们看到一位妈妈在对她的孩子发脾气,因为她说过不许孩子把糖果放在收银台上,孩子却偏偏这么做了的时候,让我们去尝试劝阻这位妈妈,而不是用批判的言语说:"我家孩子绝不会这样做。"想要让孩子做某件事的方法就是告诉他们:"不要这么做!"朋友们,我说得对吗?让我们理解彼此的爱与观点，而不是相互攀比和主观批判。世界上不好的东西已经够多了，让我们更专注于好的东西吧！

由于当前的妈妈文化，多年来，我一直对不仅想当妈妈，还想做更多别的事情的观念保持沉默。我曾经试着扮演一个幸福快乐的家庭主妇，假装很喜欢这样的角色，以便自己能全身心融入进去。但我不得不承认，我已经改变主意了，我不想只当一个全职主妇。

有了孩子，你就完全失去了在一定时间内集中精力只做一件事的能力。不出所料的话，当上妈妈的你和少女时期的你已经完全不一样了。我发现自己就是这样。我将过去的爱好都埋在了心底，因为孩子成了我现阶段关注的唯一焦点。一切是那么容易，却又那么难。我想拥有这一切，我想使事情不费吹灰之力就很完美。同时，不让自己产生必须做得更多才会完美的感觉，不然就会产生身为妈妈的内疚感。

哦，当妈妈的内疚感，我是多么讨厌这种感觉。你是否也怀疑过自己，觉得自己做的一切都是错的，你会把孩子搞得一团糟。这种感觉其实掩盖了你的真实感受，那就是有时你宁愿去工作，也不愿和孩子多待5分钟。这显然是你在拿自己和居家妈妈詹妮弗做比较，你觉得她没有这种病态的感觉，因为她好像一切都做得很好。

我确信这种内疚源于我们对孩子深切的爱。没有什么比强烈地想要当一个好妈妈更容易让人感到内疚的了。我们初为父母，没有任何经验，怎么知道会出什么问题呢？

因此，这种内疚感其实毫无道理。如果我们放任这种感觉发展下去，它就会搅乱我们和孩子的生活。

我的妈妈很伟大。在我小的时候，我们不能算是朋友，因为她尽力扮演着"家长"这一角色。她让我脚踏实地地做人,指导我、训练我,当我对她无礼时,她甚至会打我耳光,但我并不怪她。上高中时,我有几次以为自己恨她,因为那个时候的我陷入了青春期焦虑,加上发育不全的前额叶皮层,这两者的双重作用让我做出了糟糕的决定。妈妈是我生命中最需要的人,但直到二十五六岁的时候,我才真正意识到这一点。她总是教导我做各种事情,即使当时的我并不想听。现在想想,这是一份多么宝贵的礼物啊。

妈妈并不是总会在我需要她的时候就出现。她有自己的生活、责任和兴趣,不会围着孩子团团转,我觉得这样挺好。妈妈绝对不会告诉我们,她因为工作不在家而感到内疚,她也不会认为没能在家随时满足我们的突发奇想是一种失职。但她会告诉我,当我们小的时候,她曾和我们一起待在家里并为此感到自豪。在我童年时期,她会选择做一些对自己和家庭都有利的事情,而且她明白作为母亲的责任,那就是确保我长大后能够照顾好自己、找到一份工作、成为一个有责任感的人。然后,她的育儿任务就完成了。

我妈妈在房地产行业工作,她热爱她的工作。我敢肯定,她宁愿带我去看房子,也不愿给我准备一份营养均衡的午餐;我敢肯定,她更愿意去和客户签合同,而不愿在家帮我洗衣服和叠被子。所以,她不做午饭、不洗衣服。还好那个时候没有互联网,不至于让她因为看到其他妈妈为孩子包办一切而感觉很糟糕。但重要的是,这并没有妨碍她成为一位称职的妈妈。她的教育方式给了我自己动手做饭和洗衣服的机会,让我变得更优秀了。对于妈妈的这种教育方法,我如今没有任何的不满和怨恨。

现在的妈妈和过去的妈妈相比，有着不同的标准。在我们妈妈年轻的时候，你在外面骑自行车，她会时时刻刻都盯着你吗？不，她当然不会，因为她正在屋里做事情，并且会告诉你，在她叫你之前不要进屋。然而，当我成为妈妈后，总是感到有一种压力，我总想每时每刻都盯着3个女儿，以免她们在外面发生什么意外。那样的话，别人就会说我粗心大意。我看到一些评论，也听到人们私下议论："这孩子的妈妈在哪儿？为什么不看着孩子？"每次孩子发生状况，都会出现这样的情形。另一些人甚至会向这类孩子的妈妈落井下石，这是因为，如果妈妈当时在场，就可以阻止整件事情的发生。是这样吧，女士们？

如今的世道不同了，养育孩子的定义也已经改变了。在我看来，养育的标准已经超越了现实。我没有时间、精力，也没有强烈的愿望去顺从大家的标准做个"合格的"妈妈，我想我们大多数人都这样。我们爱自己的孩子，当然不希望他们受到伤害。我们自觉地担负起了孩子的人生不会走弯路的所有责任，这些责任也已经深深地困住了我们，看着孩子们痛苦挣扎，我们也会认为，这是自己的错。如今，作为一种文化，我们已经完全抛弃了"直升机父母"的方式。所谓"直升机父母"，是指父母像直升机那样盘旋在孩子头顶，将他们的生活与外界隔离开来，确保一切都安全。我们进入了"割草机父母"[①]的时代。所谓"割草机父母"，是指费尽心力为孩子提供一条完美的、没有任何障碍道路的父母们。

"割草机父母"把时间花在扫除孩子通往成功和幸福道路中的每一个障碍上，他们因为不能陪伴孩子、不能满足孩子的需求而感到

---

① 2018年年底，"割草机父母"一词在"教师在线"平台流行后，迅速走红。

内疚。因此，他们完全用孩子的需求取代了自己的梦想和目标。"割草机父母"告诉自己，他们做出的牺牲是为了让孩子生活得更好。但实际上，他们是在制造一群不知道如何解决问题，或者不知道如何应对逆境的孩子。他们为孩子们处理生活中的混乱和无助，并不能帮助孩子们成长为有责任感的人，孩子们也会失去挑战困难的信心。

女士们，想想我们自己，我们什么时候才能把自己的生活与目标放在首位？难道等到孩子们成年了，搬出去之后吗？

我们爱孩子，养育他们是我们一生中最美好的事情。但这是否意味着，在要生养孩子之前，我们应该把自己的梦想和目标，都放进一个像钻石一样在阳光下闪闪发光的、纸浆制成的手工热气球里，然后将它放飞呢？对不起，我受够了女人在自己创造的这种文化里互相说谎。做你喜欢做的事，并不会让你成为一个坏妈妈。亲吻每一个孩子，也并不会让你成为一个好妈妈。

在这种育儿文化的氛围中，女性对待彼此的方式是不太光彩和不必要的。因花时间去做让自己开心的事情而产生的任何内疚感，都是你自己造成的，并非基于现实。不要再担心人们在网上如何评价你，不要再将你的真实生活与别人的虚假生活进行比较了，做你喜欢做的事情，并确定你喜欢它们，而不是迫于压力非做不可。

有一件事你百分之百可以控制，那就是：给你的孩子一位快乐的、有成就感的妈妈。如果这意味着你愿意把大部分时间花在家里和孩子身上，很好；但如果这意味着你想在抚育孩子的同时追逐自己的梦想，如果这意味着你可能颠覆传统妈妈的形象，那也这么做吧！你和家里的其他人一样，应该拥有实现自我和幸福的机会。

大约 5 年前，我终于明白了，我的人生目标不是围着我的孩子们转。孩子固然是上天对我的眷顾，也确实使我很有成就感，但孩子们不是我存在的唯一理由，孩子们的幸福也不是让我认为自己值得在这个世界上存在的唯一理由。上天还赋予了我除了当个好妈妈以外的能力和天赋。我觉得承认这一点并没有什么错，至少现在我是这么想的。

如果等到孩子们上大学，或等他们 18 岁能自己做决定时，我必然已经成了一个精神完全崩溃的女人。因为，我已经将自身的价值与孩子们的生活、幸福和成功紧紧联系在一起。我也不希望那时我还得再去回想，孩子们出生之前我喜欢做些什么，更不想再试着重新爱上我的丈夫，因为到那时我们都已老去。我当然不想错过我的人生使命，尽管我也会害怕只顾着追求自己的梦想，别人会认为我不是合格的妈妈。

成为快乐的有钱人，从每月多挣 500 美元开始

如果上面的内容让你产生了共鸣，那么欢迎来到你的"生命转折点"。如果你像我遇到的大多数女性一样，那么你一定也很有天赋，你会是个梦想家，具有大放异彩的独特能力。你还可以每月多挣 500 美元来填补你的支出。

是的，我已经从谈论攀比、内疚感、梦想和渴望转为谈论金钱了。让我们面对现实吧，钱很重要。它虽说不是生活的全部，甚至也不是最重要的，但它是举足轻重的。事实上，这额外的 500 美元可以使你的生活发生很大的改变，如果你是一位妈妈的话，这些钱尤其重要。

我知道你在想什么："我想要的远不止是每个月的车贷，但即使这样，也是有帮助的。"我知道这一点，因为我不仅和与你一样梦想着、渴望着做更多事情的人们交谈过，也和那些需要更多钱来减轻家庭预算压力的人们交谈过。

在我创业早期，当我的月工资首次超过 500 美元时，我觉得好像真是卸下了一个包袱。我不仅在做自己喜欢的事，而且在经济上也为家庭做出了贡献。当时我和丈夫都在用戴夫·拉姆西（Dave Ramsey）的信封式管理系统，管理家庭的财务收支，这笔额外的收入让我觉得家庭收支的游戏规则一下子被改变了。

每月多挣 500 美元，看上去遥不可及，但也是可以做到的。而且在做自己喜欢的事情时，你还可以陪伴自己的孩子。如果你愿意摸索并找出真正适合自己的方法，你可以做的事情也许还要更多。

这额外的 500 美元，可以推动 Etsy（一家手工艺品销售网站）商店、在线摄影工作室、eBay 经销商、产品经销商，以及无数其他的小型初创企业的发展。这额外的 500 美元，可以促使女性采取行动，因为女性是实干家，她们有足够强大的能力，在养育好孩子的同时发展自己的事业。

此外，追求这额外的 500 美元，也真的是一件趣事。它给了我们一个借口，让我们能运用自己的天赋追求目标，特别是对于那些待在家里的妈妈们，它打破了可能让我们的生活成为名副其实的"土拨鼠日"[①]的状态。

[①] 电影 *Groundhog Day* 讲述了气象播报员菲尔在执行任务时偶遇暴风雪，随后发现自己被困在不断重复的同一天的时间中的故事。此处用来比喻生活进入了不断重复的无限循环中。

我的愿望是发掘每一位妈妈赚钱的潜力。我不关心这些收入会被你用来偿还抵押贷款还是拿去买鞋，这取决于你。我关心的是，你是否喜欢去赚这些钱，因为做你喜欢的事情才是关键。

Boss Up!

第 2 章

向前一步，
做你真心想成为的自己

CHAPTER 2

我的商业头脑是与生俱来的。我23岁就开始尝试创业,并且将一直做下去。我的家族中有一大批女性创业者。正如我之前提到的,我的母亲从事房地产行业的工作。从预留税款到处理难缠的客户,她都十分擅长。我大学一毕业就为她打工,从她身上学到了许多关于经营公司的知识与经验。

我外婆也同样从事房地产行业的工作。作为一名女性,她对自己能赚钱供我妈妈和舅舅读大学,感到非常自豪。

我的曾外祖母也有自己的生意,她靠给客户做发型赚钱。她生活的那个年代,女人做生意并不是一件很流行的事。母亲常跟我们讲,她小的时候曾外祖母会把做发型赚到的小费全都攒下来,留给自己的外孙女。所以,母亲每次去看望曾外祖母时都会收到零花钱。

我从小就受到了家族女性长辈的熏陶。因此,我要把家里的传统传承下去,不让家人失望。在我的职业生涯中,我在很多不同的领域工作过,从一些沉重的打击中吸取了许多教训。我曾是吃外卖的创意自由职业者,也曾在一家《财富》1 000强企业中获得晋升。那时的我,有时几乎赚不到钱,有时却能赚到数百万。我体验过自由的生活,也承受过毁灭性的打击。所有这些经历,最终让我成了今天的妈妈创业者,让我心中充满一种渴望:用我的故事来激励其他女性创业。

后来,我终于找到了累积的经验和技能的用武之地,从此我的事业犹如撕破黑暗的黎明,迎来灿烂的曙光。时至今日,它依然保持着强劲的发展势头。因为我找到了自己擅长的事情并坚持了下来,我深刻体会到这些年最大的收获就是让我的工作和生活都获得了自由。

当然,这并不意味着我做的每件事都有趣和完美。但这确实意味着,当我坐下来开始工作时,我对自己及工作都充满了信心。随着日子一天天过去,当每天的工作时间结束时,我总觉得只过了几个小时。

我还想讲述更多关于自己的故事,以此告诉大家,我的创业是建立在什么样的理念之上的。我想让你们看到,虽然我们不是一模一样的人,但更多的还是相似而非不同。现在,我们先来了解一下年轻时的我吧!

8岁时,我就梦想当一家公司的老板

8岁那年,我告诉人们,长大后我要当宇航员。其实我并不是真的想成为一名宇航员。这个年龄的孩子说出这样自相矛盾的话,似乎很正常。事实上,我想当一家公司的老板。对一个8岁的孩子来说,这听起来可能很疯狂,但这确实是我想要的。

有一天,我和妈妈一起去亚利桑那州阿瓦图基的西夫韦超市。她去超市时总是带着我。几乎每次去,她都会从面包店里买一个刚出炉的法棍面包，幸运的话，面包还是热的。我们会一边逛一边吃。我和妈妈的回忆是如此美好！

那天，我们走进西夫韦超市时，我非常认真地琢磨着自己长大以后要做什么。我知道我和班上其他女孩不一样，我迫不及待地想自由地做出自己的选择，我想离家远远的。我们班的其他女孩都想成为芭蕾舞演员、医生或者娇娇女，但我想当创业者。我想生产一种每个人都需要的产品，因为如果人人都需要它，我就能赚大钱。我在学校里并不受欢迎，因为我一点也不酷。"赚大钱"这种想法并不是一个能在小学阶段就赢得朋友和影响他人的好主意。

这种自主创业的雄心壮志，一部分源自我的内在基因，另一部分源自我没有很多钱。我一直都知道我必须要赚钱才能买到我想要的东西。我也知道我的父母没能过上那种财务自由的生活。我很小的时候就知道家里的生活很拮据，这也是我今年和孩子们真正开始谈论金钱的原因。孩子们需要知道他们的家庭是否贫穷。对我们来说，与孩子讨论钱的问题是很有必要的，即使我们还没有到捉襟见肘的地步。

我认为==找到并生产出每个人都需要的产品，是最好的赚钱方法==。我在商店里穿行，扫视着货架上的商品，看看哪些东西符合"人人都需要"的理念，碰巧我们来到了纸质品的货架通道。

就是它！人人都需要卫生纸。

于是，我在幼小的头脑里想象，每家生产卫生纸的公司都有一个老板，总有一天我会成为他们中的一员。那时我最关心的就是怎样才能找到跻身这一行业的路。请原谅我幼稚的想法吧，我真希望不用告诉你这些，免得你笑话我。

随着年龄的增长，我对卫生纸行业的发展有了更深刻的认识，同时还意识到，生产擦屁股的工具并不适合我。不要误会我的意思，卫生纸是好东西，只是它不是我的人生使命。不过，它帮助我走上了正确的轨道。尽管我的商业理念随着年龄的增长而不断地改变，但我还是十分渴望拥有自己的公司并从中赚钱。

我妈妈深知创业的艰辛，也明白我会面临什么样的困难，于是她说服我取得了商业和传播学的学位。这不是她的建议，而更像是一个要求。她想让我从亚利桑那州立大学毕业后进入制药行业做销售，因为对她来说，那是一份稳定的工作，既有丰厚的薪水，也有晋升的机会，当然也面临着挑战。不过，这种挑战完全不能与管理一家企业所面临的风险相提并论。问题是，我根本不想在夏天的亚利桑那州带着医疗设备到处跑，那里真的热到了不可思议的地步。所以，我找到了一个到她的办公室工作的理由。这样一来，我就可以一边赚钱，一边想清楚自己真正想做什么了。

那段时间，我学会了一些摄影和设计的技能。我用它们来帮妈妈推销她那些等待上市销售的房子，帮助客户更好地了解我们能够提供哪些帮助。在 23 岁的时候，我就开始为妈妈办公室里的其他代理人做营销工作了，这是我的第一个副业。后来有一天，我偶然走进一家剪贴簿店，我的世界就此改变了。

剪贴簿是我的最爱，它能将我擅长的和喜欢做的一切都汇集起来。我喜欢动手创作一些漂亮的、五颜六色的东西，我还喜欢写自己的故事。于是我开始把大部分的时间都投入制作剪贴簿。我的第一份兼职工作就是制作创意剪贴簿，并提供摄影服务。我知道你在此刻想什么：琳赛，那时候 25 岁的年轻人最酷、最热衷的事不就是周末的时候制作剪贴簿吗？面对这么多的竞争，你该怎么做？好吧，若是用正常标准来衡量，我的剪贴簿并不酷。我关注的是稀奇古怪的东西。

后来，我离开了妈妈那间舒适的办公室，在亚利桑那州的几家剪贴簿店找了几份小时工，因为我太喜欢这个行业了，所以不想再在房地产行业混日子了。尽管妈妈非常直接地建议我考虑房地产行业，但我就是不喜欢。我知道这不是我的职业道路，我最爱的是剪贴簿。如今 15 年过去了，我依然初心不改。于是，我白天在剪贴簿店工作，晚上为杂志和产品制造商做设计，帮助他们销售产品。

当然，我那时只是在学习如何做生意，所以犯了很多错。我在第一份自由职业中犯的第一个错误是：没有挣到任何钱。请尽量克制你的震惊和讶异。我意识到，仅仅靠热爱你做的事情或者拥有一种有效的产品，是远远不够的。自由职业的另一部分涉及你的工作酬劳。你需要用正在做的事情赚钱，你要明白，这样才能支付各种账单。不过，我早期的失败是为自己将来的创业做准备，这都是必不可少的教训。

我当时没有仔细考虑自由职业中需要创造利润的部分。当时很多人愿意付钱给我，但他们也只是象征性地支付点报酬，因为我不了解市场行情，所以也没有为自己的时间设定应该收取的费用。那时我还年轻，吃着廉价的盒装通心粉和奶酪就很开心，在那时的我眼中这些就是美食。我更在乎的是要开心。我也不确定开心和赚钱能否共存。

是妈妈让我坐下来，开始认真地教导我。她设身处地地用自己的经历告诉我：不论你多么喜欢你做的事情，让你的时间得到物质性的回报，永远都是最重要的。我意识到她是对的。如果我想成为一名真正的创业者，必须赚足够的钱来维持生计。

是时候让自由职业者去找一份"真正的工作"了，一份能让我充分运用我受到的教育，给我足够的薪水，甚至能提供医疗保险的工作。我的一位朋友辞去了小时工，找了一份领月薪的工作。我觉得我也可以依葫芦画瓢，于是加入了一家《财富》1 000强公司。在接下来的6年里，我从基层干起，逐步晋升为评估和培训部的主管。

在这里，我第一次接触到了公司的管理工作。我的团队要负责实现销售目标，并做好品牌的维护工作。同时，我们要和同一楼层的其他销售团队展开竞争。正是在这家公司，我意识到我有销售的天赋。我擅长让人们对我说"好"，我可以在展示我们产品价值的同时让客户对他们的选择感到满意。这可能就是妈妈想让我从事医药销售和做房地产中介的原因。正如他们所说的"有其母必有其女"。

升入管理层时，我是公司仅有的两名女性经理之一。当高级主管给我这个职位时，我坐在他对面的椅子上，他对我说道："希望你不会让我后悔聘用你。"我能感觉到他多么希望我是个男人。那时候，这类职位的招聘标准之一是男性，而且在这家公司，"男性俱乐部"牢牢地掌控着公司的管理权。聘用我以后，一切都改变了。尽管我知道自己完全可以胜任，他却对要晋升一个女人做经理感到十分紧张。我明白他是顶着压力选择了我。我从自己的亲身经历中体会到"职业生涯的玻璃天花板"是如此真实。

高级主管的这些话，让我知道，我必须走上创业的道路！在那条路上，我可以制定自己的规则、安排自己的时间，不用担心某些人在我还没有开始工作的时候就对我的工作能力表示质疑。成为创业者的使命在召唤我。尽管如此，我带领的这个几乎全部由女性组成的团队，团队里包括两名勇敢的男性，最终使其他团队遭受了耻辱性的打击。女性的伟大就在于我们可以做任何别人要求我们做的事，即使面临前所未有的压力和成见。我怎么能让那个家伙后悔聘用我呢？

来公司上班后，我仍然坚持着创作剪贴簿的副业，但最终不得不放弃，因为这对我来说是一个糟糕的商业计划。但我把摄影坚持了下来。这项技能对我很有帮助，直到今天我仍然在我的生意中用到它。我开始参加周末的家庭摄影展，根据我的工作价值来收费，甚至对朋友和家人同样如此。当有人想用"体验或推广"来交换我的服务时，我很快就学会了拒绝，有些人想用对付美国电报电话公司的方法，发一个承诺短信就可以不付话费？在我这里是行不通的。

财智悟语

首先，无论谁提供了产品或服务，都应该付费。不要把朋友放在一个奇怪的位置，不要让你的朋友因为认识你，而免费给你做面部护理或给你的家人拍照。正因为他们认识你，才更应该支持他们，更应该为他们的努力工作支付报酬。

其次，你提供的产品和服务都应该收费。因为你的时间和产品都不是免费的。即使你在为你认识和喜欢的人工作，也得要求对方提供报酬。这是你应得的。如果你想要证明你的工作是有价值的，那就需要实实在在的钱来证明。

我不想活成只为生存或晋升打拼的样子

在为这家美国公司工作的那 6 年里，我在参加一场美国学生联合会的游戏时遇到了我的丈夫迈克尔。我们结了婚，生了一对双胞胎女儿，后来不到 2 年，我又生了一个女儿。

我的家庭十分幸福。也是在那个时候，我人生中最大的改变发生了。我最小的女儿肯尼迪出生 3 周后的一天，丈夫把我拉进客厅，让我坐在沙发上。他眼里带着一种我从未见过的怜悯，让我有一种不祥的预感。他望着我，对我说："琳赛，我要告诉你一件会让你无比难过的事。"

我完全猜不出他要说什么。

他饱含泪水地看着我："你妈妈今天去世了。"

那一刻，周围陷入了一片黑暗。

从这一刻起，我生命中的一切都不同了。

我把手里因为紧张摆弄着的东西扔到了咖啡桌上，用手捂着脸，开始失声痛哭起来。迈克尔一动不动地坐在我对面，拼命地保持镇静。

我问道："什么时候？怎么回事？发生了什么？"我猜想那可能是一场车祸。就在 3 周前，她的第 3 个外孙女刚刚来到这个世界的时候，她还在我家陪着我。那时候我妈妈看上去十分健康，她只有 53 岁。

她并没有遭遇车祸，她是在家里去世的。

我艰难地打了一堆电话，多到自己都数不过来，最悲伤的是要打电话给我的两个弟弟。我刚刚做完剖宫产手术，正处在恢复期，我们怎么才能把两个只有一岁的孩子和一个新生儿带到亚利桑那州去参加葬礼呢？我们甚至都没有足够的人手来抱她们。还有个问题，我不能这么做。我怀孕的体型还没有恢复呢！

我很抱歉地说，我完全是一个虚荣的人。我的母亲去世了，我却没有在体型恢复之前面对众人的勇气，因为我知道很多人会去参加她的葬礼。悲伤有时会让你的想法变得疯狂。

不过我很快就进入了工作模式，像往常一样高效地工作。我对自己说："好吧，我能搞定，我会想办法解决这一切的。现在我得去喂孩子。我们应该吃晚饭，我们得去买食品……"

我的大脑处于半关闭状态，思维完全呆滞了。我感到自己已经麻木了。我会在夜里哭泣，但出于某种原因，我还是无法让自己相信这是真的。我不得不和自己进行对话："不，琳赛，你不能再打电话告诉妈妈发生了什么事。她已经不在那里了。你已经知道这件事了。"

我就像在雾中迷失了方向一样晕头转向。为了保证孩子们和家人能照常生活，我不得不做我该做的事情，但我的脑子已经不正常了。

最后，丈夫还是带着我参加了葬礼，看到妈妈的遗体安放在一张台子上时，我才意识到这一切都是真的。看到她躺在那里的那一刻，我那么震惊。我知道我们是去干什么的，但是在那里看到她，还是让我很震惊！我无法解释那种感觉，但直到那一瞬间，我才真正接受：她真的不在了。她就躺在那张台子上，而我却无法确认那就是她，直到我看到了她那些明显的身体特征，那些我从小就认得的特征。我记得她的手是什么样子，我得看看她的手。

后来我得知，原本身体健康、每天都投入工作的母亲是死于突发性心脏病，原因是她的心脏在上一次发作时留下了疤痕组织，而她甚至不知道自己心脏发过病。她第一次心脏病发作时，根本没有意识到发生了什么，她以为自己得了流感。我记得那天的一切。她当时的年龄大概和我现在差不多，也许比现在的我还小一两岁，那时的我还在上初中。一天早上，她在浴室里悄悄地给我打电话，告诉我她动不了，让我去便利店给她买些药，于是我骑着自行车去买了药。

当时她承受着巨大的压力：经济、情感、人际关系。她的婚姻、工作，以及生活的方方面面都面临很大的挑战。尽管如此，她还是把这一切安排得井井有条，一如既往的高效和平静。"我能搞定，我会想办法解决这一切。"听起来是不是很熟悉？

我坚信害死妈妈的元凶是压力。我不想让悲剧在我身上重演！

在失去母亲后的一段时间里，我想，如果坚持下去的话，我可能会恢复常态。但我现在意识到，所有的一切都不同了，我永远也回不到过去了。虽然我一年比一年哭得少了，但我的心灵深处仍然有一个大洞，一个只有妈妈才能填补的洞。我知道，那个大洞将永远在那里。

当然，好事还是会发生，只是胜利的喜悦少了一点，节日里的笑声也少了一些，我在孩子们的活动中也没有以前那么兴奋了。她们不知道个中缘由，但我知道。

我想这也是我害怕乘飞机的原因，我怕自己发生意外会让孩子的心灵也出现缺损。出于某种原因，我认为自己发生意外最大的可能就是空难。万一发生这种情况，我将无法再看到女儿们长大。我知道你会大声说这是完全不合逻辑的，但这一切都应该归结为突然失去母亲对我的影响。失去妈妈是迄今为止我经历过的、最艰难的事情。我这一路走来并不轻松，感觉就像是在泥泞中艰难挪动。我承认这些也给我带来了某些好处，我从中学到的重要教训对我很有帮助，但是，它给我的感觉并不好。

有时我会想，如果妈妈还在，我会做些什么？我每次都意识到，那样的话，我也许没有能力做我现在正在做的事情。通过这件令人心碎的事，我才开始相信一切皆有可能。失去母亲的经历确实教会了我很多，虽然不是通过她的话语或者亲自指导。她在世的时候，假如我没有做好某件事情，她绝不会放过我，她会盯着我直到我把它做好。当你意识到自己没有了"安全依靠"时，神奇的事情就会发生。这是我迄今为止学到的最艰难也是最有用的一课。

母亲去世让我学到的教训使我走上了现在的道路。她有许多的梦想，想环游世界、想看着孙女们长大，并为此疯狂地工作，可是在她离世前，这些都没有实现，而她却已经开始负债了。母亲经常告诉我，她要活到100岁，还经常对我说起她将来要做的事情："总有一天我会去意大利，在托斯卡纳喝葡萄酒。总有一天我要带你们去大峡谷中的科罗拉多河漂流。总有一天……"

她死的时候，那些"总有一天"还在等待着她去实现。

我知道母亲早晚会离开。我相信，她的时日和呼吸次数，都是被安排好了的，现在正是她离开这个世界的时候。我知道她在天堂里要快乐得多，即使她从未去过意大利。

但她在世的日子里呢？我很难讲述她生命中的所有故事。她一生努力工作，为了养活我和弟弟们，她几乎没有自己的生活，我对此深感内疚。对她来说，人生不太幸福，只有一些为了生存而要努力克服的障碍。她一生中从来没有到达过可以放松和体验自由的境地。

因此，尽管我钦佩我的母亲，但我还是下定决心，不让她的故事在自己身上重演。我不会让孩子们体验母亲给我的这种感受。如果我像她那样在 53 岁时死去，我希望孩子们在我的葬礼上说："她只在地球上待了 53 年，但她活出了 100 岁的价值。"

在母亲去世后的几个月，我清楚地意识到有些事情必须改变，那时我是一个新生儿和一对一岁双胞胎的妈妈，我曾经有过一份《财富》1 000 强公司的全职工作，我的组织心理学硕士学位的学分刚刚修够一半。我们住在科罗拉多州，一点都没有住在家乡亚利桑那州的舒适感。一切来得太突然，超出了我的承受范围，所以我开始接受悲伤辅导（grief counseling）。如果不是因为孩子需要我，我可能会躺在床上无所事事，悲哀地过完后半生。尽管做母亲很难，但孩子们却在我生命中最艰难的时刻拯救了我，她们就是我生命中的礼物。经过跟丈夫多次的探讨后，我开始制订行动计划，目标是赢得真正的人生自由。

我打算辞去那家公司的工作，完成我的学业，并且在带孩子的同时开创自己的摄影事业。与此同时，迈克尔需要集中精力发展他的事业。我们在要孩子之前就约定，为了他的事业发展，我可以接受任何的变动和搬迁。结果，我们确实是频繁地搬来搬去，在婚后的前 9 年里，我们几乎每年都搬家。当我重新开始我的摄影事业时，我们在经济上陷入了困境。但我下决心不再回到公司工作，好在每次我必须从头开始时，丈夫都会支持我。

2013 年，也就是母亲去世两年后，我们搬到了华盛顿州的西雅图。在那里，我的丈夫终于在职业上获得了前所未有的好机会，得到了一个他梦寐以求的职位——大学校长。他每天都带着最好的状态去上班，疯狂地工作。有两次我们计划去度假，但因为老板想让他去上班，他不得不在最后一刻打电话取消了我们的预约。他为工作付出了所有的精力，回到家时已经筋疲力尽。我真不知道每周 7 天，每天 12 个小时的工作，他是怎么坚持下来的。

压力早晚也会害死他！我确信我们需要找到一种新的状态，一种新的生活方式。一想到我最亲的家人会因压力患病致死，我就如坐针毡，我要尽快找到解决问题的办法。

我的勇气和酷爱拯救了我们全家

正是在西雅图，我第一次试用了一种精油，也正是在那里，我制订了将改变我的人生和一家人生活的商业计划。这将是帮助迈克尔减轻压力的方法，也将为孩子们的教育提供资金。同时，这也将是我为孩子们提供的特殊遗产：教她们打破压力的恶性循环，并且改变我们家庭的传统。

经常有人问我，在开始经营精油生意时，我是否知道它会成功？我的回答是肯定的。我知道这一点，就像知道自己的名字那样确切。是精油让我抓住了机会，并改变了我们的生活。

我说得太多，也做得太多。我没有足够的时间让自己坐下来安静一会儿。所以，经过几个月的尝试后，我放弃了精油生意的传统经营方法，有了另一个完全成形的想法，我决心用一种新的方式推销它们。就像有人给我指明了道路，让我知道自己应该做什么。我会半夜从床上爬起来，把我的计划记下来。我追寻内心的召唤，把临时想到的营销方案或者思路都及时记录下来，这为我此后开拓市场提供了各种行之有效的营销思路。

当我意识到我可以用自己真实的声音、技能和才干去做我超级热爱的事情，也就是当一名女性创业者时，我知道我应该踏入精油行业的大门。我喜欢我卖的产品，它对很多人都有好处，包括我的家人。我喜欢教女性创建成功的企业，但并不是世界上任何的产品我都喜欢。我的热情只与我的热爱同在。

2013年3月25日，我的精油迷团队"柠檬滴管"诞生了。从第一天起，我的重点就是教这些女性如何聪明地工作，怎样做自己，如何建立一家企业，以便赋予她们选择自己想要的生活方式的自由。但在那之前，我不得不接受这样一个事实：我正从事着一种我自己都没有把握的经营方式。

多层次营销(Multi-level Marketing，简称MLM)、直销、网络营销等，对我来说一直都像是一种诅咒，老实说，有的多层次营销方式仍然令我厌恶。当我听到或谈论这些话题时，会立刻觉得肚子像是被人打了一拳，有些反胃。我惊讶于这些话题在我的脑海中竟有如此多的负面含义。关于多层次营销公司如何销售和推荐他们的产品，我听到的和经历的一切，都给我留下了很不好的印象。我知道同样的事情也发生在我的粉丝群、我的朋友以及我能涉及的人群之中。

所以，当我发现自己感兴趣的精油公司是一家多层次营销公司时，我气疯了，心想：哦，这可真是太好了，以后我和我认识的人都要被这个销售怪圈一网打尽了。

那时我已经爱上了精油，我痴迷于使用产品而不是做生意。就像我做所有喜欢的事情一样,我开始在社交媒体上谈论它们。

那时我只有 200 多名粉丝,这个粉丝群只是由让我拍照和制作剪贴簿的客户、朋友以及家人组成的,没有什么值得大书特书的东西。但这些粉丝足以让我创办一家公司,并成就真正的大事业。当我着手发布产品的信息,开始诚实地谈论我喜欢的产品时,我发现自己回答了很多关于如何使用精油的问题,而不是谈论孩子的芭蕾练习和午餐食物。我喜欢推广精油时的每一分、每一秒。

从此,我的脸书(Facebook)、照片分享软件(Instagram)和推特(Twitter)上不再充斥着日常生活的琐碎细节。现在,我想方设法把产品的链接和要销售的产品发在网上。

事实上,网络营销对我而言是完全陌生的,然而到最后这反而成了我的一项优势。起初,我对此一无所知,所以到处寻找有关的信息来了解人们如何发展这种业务。我也会观察竞争对手是怎么工作的。他们做了什么来吸引客户?他们如何交流?他们满足客户的哪些需要?接下来,我着手做了一些与之完全相反的事情。你知道吗?这种方法管用了。

我很清楚典型的多层次营销公司销售人员如何赚钱。我研究过这个行业的大多数领导者,他们都不可信,总体而言,他们都相当自命不凡。许多多层次营销公司的企业文化都是卑鄙而自私的。对那些企业来讲,每一笔业务的关键是销售人员的提成,而不是产品对客户的价值。在我看来,这是不对的。曾经有个网络经销商在知道迈克尔和我当时缺钱的情况下,依旧推荐我花 2 000 美元买他们的产品。

我想在家里创办一家符合我个人价值观的公司,在赚钱的同时满足客户的需要。我的工作不是让朋友和家人接听我打给他们的尴尬电话，在电话里向他们解释我给他们带来的赚钱"机会"，或者请求他们每月购买我的产品，以构建我的销售团队链。我绝对没有让别人对我说9遍"不"才肯放手的习惯。所以我决定尝试以一种完全不同的方式进行多层次营销。我们在这里探讨的是与传统直销完全不同的新模式，就像黑与白、大野猫与金丝雀、油与水，也都是完全相对的。我不愿在这件事情上妥协。我要做我自己，要用一种与其他多层次营销相对的方法来销售我的产品。

你猜怎么着？到目前为止，我不仅看到了这一模式取得的惊人成功，而且还用它创造了新的纪录。在5年的时间里，最初我用发照片墙配合帖子的方式发起的团队，已经发展成了有52万个家庭，年销售额达到3.33亿美元的团体。创业不到一年半，我个人的月收入就超过了6位数。

我很快意识到，6位数的月收入让我获得了财富自由。我可以对生活说"好"，对乐趣说"好"，对旅行说"好"，对付出说"好"，对其他商业机会说"好"。我成立的第一家公司年产值超过百万美元以后，我和丈夫又创建了两家企业，一家是零售企业，一家是创业服务企业，每家公司的年产值都超过100万美元。如果没有第一次创业的成功，我就没有能力吸取经验与教训并将它们应用到新的公司。

我依然不是你们见过的典型多层次营销人员。我爱我代表的公司，爱我的团队和我们的产品，但我还是害怕许多网络营销代表给身边认识的人施加压力，催促他们购买产品以赚取收入的方式。我希望这些营销代表能理解，无论他们身处哪个行业、推荐什么产品或者提供什么服务，都可以采用一种更好的方式来接触客户，一种对任何创业者都适用的方式。

我发现，想要在某个行业中做出这种改变，最好的办法是告诉身边的同事和创业者，创业并不意味着巨大的压力，也不意味着车库里堆满了永远卖不出去的产品。

心花怒放的生活，即将扑面而来

根据我多年来对多层次营销这个行业的了解，我意识到，它可以成为剩余收益 (residual income) 的一大来源，也是一个能让女性朋友实现自己人生目标的伟大载体。对我来说它只是载体。

各种类型的创业都是如此。也许你的产品和服务就是你的目的，这很好；也许那额外赚取的 500 美元是你的目的，这也不错。不过，你的产品或服务只是让你达到真正目的的载体和工具。

我必须先在创业上取得成功，然后才能像今天这样，引领着各行各业的女性走上创业之路。我必须先有钱，才能开创演讲的职业生涯。我必须实现一定程度的成功，才有能力去写一些关于如何取得成功的书。你创办的公司要么是你的目的，要么是你的工具。不管是哪种情况，你都选对了。

当人们向我询问成功的秘诀时，我会向他们讲述我和其他许多人用来开创业务、创办公司的 10 条规则，对应本书的 10 堂财富课程。不论你从事什么行业，取得了多大程度的成功，这 10 条规则都适用于你的业务或公司。它们是基本的工具。你只需要学好基础知识，然后用你自己的方式勇敢走出去，针对公司的需求与实际情况运用这些成功理念，就能有所收获。在这5年里，我已经将它们以不同的方式应用到我9家不同的公司。因为每家公司的需求与情况都不尽相同，所以你需要将这些规则以不同的方式进行运用。

我们探讨这10条规则时，你会发现，我不会强调你必须采用某种方式去做某件事。我们每个人都是不同的，当我们运用自身独特的才华和技能来开创我们的事业、创办我们的公司时，都能做到最好。这本书的观点不是你一定要用我的方式创业，相反，你要学会这些规则，并且灵活运用。

你之所以选择这本书，可能是因为你希望目前正在经营的企业能有所发展，或者你心中已经有了小小的创意，只是还没有将它付诸实践。这都没问题，因为你来对了地方。

在我们将目光转向10条规则之前，我想让你好好反思你是谁？擅长什么？真正想从你的生活中获得什么？如果你不知道自己来自哪里，就很难抵达你想去的地方。

但如果你真不知道，又该怎么办呢？如果你不确定自己除了换尿布之外擅长什么，该怎么办？如果你已经失去了那些能够激励你的东西，甚至忘记了你曾经热爱的一切，忘记了你擅长的一切，又该怎么办？

别担心，朋友，我懂。我相信你们的技能和热情会帮助你们实现自己的创业愿望。现在你需要做的就是：继续读下去。

Boss Up!

第 3 章

人生困境重重，
但成功的蜕变有法可循

CHAPTER 3

还记得你有孩子之前的生活是什么样子吗？

还记得在孩子出生前，当面对异常复杂的困难情况时，你是怎样排解它们带来的压力吗？

现在，当你屏住呼吸、踮起脚尖从孩子睡觉的房间里溜出来的时候，你有什么样的感觉？也许你在抚养孩子方面是个彻头彻尾的大傻瓜，就像我还没有当妈妈时那样。告诉你们，我就是傻瓜妈妈中的"战斗机"。对于普通女性来讲，生完孩子后的生活就像一部灾难片，而我曾经确信，我会是这些灾难片中的例外。我要用一种全新的方式解决当妈妈的问题：改善产后发胖的体型；继续参加每月一次的"女孩之夜"，和闺蜜们一起聚会；对孩子们严格但充满爱心；不让购物变成灾难；为家人做晚餐，确保他们吃得开心、没有怨言。实话告诉你，我甚至幻想着让孩子们把西兰花当成甜点来吃。

哦，多么无知的幻想啊！

孩子们出生后，妈妈这个角色就像一列货运火车直接向我驶来，整整3年的生活几乎是失败的。那可不是妈妈们端出刚烤好的饼干，坐下来涕泪交流向你倾诉的那种失败。我的意思是，我感觉自己无法继续生活下去，也没办法继续养活孩子们了。如今我乳房下垂，穿着塑身衣的样子，就像是个身上贴满了赞助商广告贴纸的赛车手。

孩子出生后的最初3年，我看起来跟过去大不一样了，甚至连我的思想也和以前不同了。然而曾经的我，依然深藏在我内心深处的某个地方。对你来说也是一样，即使你可能已经忘记了。所以，花一分钟时间来想一想：在有孩子之前，你是什么样子的？你喜欢做什么？擅长做什么？你的爱好是什么？喜欢谈论什么？

我们停下来审视一下，我们内心对上述问题的各种回答，我估计没人会写"详细记录孩子们所做的糗事"这样的内容吧？自有了孩子，我们的生活就发生了变化，优先考虑的事项也变了。但这并不意味着我们跟别人不一样，谁不想每天像拥有魔力一样随时起床？谁不想享受没有孩子吵闹的午休？

我们关心自己的孩子，所以做了妈妈们需要做的事情，以及许多我们认为妈妈们应该做的事情。但谁不愿意放纵一下自己，在网飞（Netflix）上看一整季最新的连续剧？谁又愿意一遍又一遍地看动画片《卡由》（Caillou）的同一集？

有时候，我真想知道未做妈妈前的我怎么会什么都关心。那时的我究竟是怎样度过每一天的？我都在应付什么？我真正喜欢些什么？要知道，我不可能总是记得那些事，所以我选择相信遗忘是正常的。对我们大多数人来说，生孩子夺走了我们在咳嗽时不尿裤子的能力，这是不是说明，生孩子也能把我们的记忆夺走呢？没错，这些听起来是不是很疯狂？

是时候开始越过障碍，找回我们曾经的热爱了。也许我们可以留出一些时间来思考一下，除了孩子，我们可能会有另一种什么样的生活？最后，我们理智地来面对这样一个事实：我们不必要求自己每一秒都享受做妈妈的感觉；也不必把做妈妈当作我们人生中最令人兴奋的经历。如果你是这样想的，并不意味着你不爱孩子或者不是好妈妈。这只是因为，我们在听从内心的召唤，并努力做到最好。

小女儿出生后的第19天，我的双胞胎孩子才从新生儿重症监护室出来，我意识到：做妈妈并不是一件让我能完全牺牲自我的事情！那时是凌晨两点钟，我正试图让两个宝宝在一个小枕头上保持平衡，以便给她们喂奶，与此同时，我还和迈克尔为谁最累的问题大吵了一架。那一刻，我对自己说："我真讨厌这种生活！"但随后，可怕的羞愧感立刻涌上了我的心头。

随着时间的推移，情况确实有所好转。我并不是讨厌当妈妈，有时甚至很喜欢。但我会想要更多的东西，特别是一些属于自己的东西。

多年来，我一直在与内心的矛盾作斗争，不过，我几乎没跟任何人讲过。怎么能向别人承认这些事呢？日子一天天过，我内心对做点别的事情的渴望并没有消失。我仍然想要属于自己的东西。那是我从小的梦想和目标，为此我倾注了多年的努力才积累了技能与才干。在孩子出生前，我一直在努力提升自己。你也是，还记得吗？

不记得了吗？我来帮你回忆一下吧！

接下来，我们一起来发掘出那些你曾经想要做的"事情"，那些与为人父母无关的，结合了你的兴趣、技能和渴望的"事情"，你可以把这些"事情"转化成自己的事业。

找到你的"热爱",然后奔赴山海

我发现,妈妈们似乎都很害怕回顾她们的梦想、渴望,以及与带孩子无关的兴趣,因为她们认为自己再也不能有那种追求了。

"那样做不对。""那样会把事情搞砸的。""我丈夫知道了会怎么说?""网友们会怎么看我?"

你需要记住的是:你不必担心别人的想法。回想一下孩子们降生前的生活,并回答以下问题。我强烈建议你向你的伴侣或女性朋友寻求帮助,因为产后这段时间你的记忆力的确会受到影响。

你最喜欢怎样度过一个下午?
_____

你最喜欢的工作是什么?
_____

你最喜欢的业余爱好或消遣是什么?
_____

你擅长做什么(技能、天赋,诸如此类)?
_____

你放学或下班回家后如何打发时间?
_____

你放学或下班后迫不及待地想做什么?
_____

你在日记本、笔记本或剪贴簿上经常写下或贴上想法吗?
_____

你喜欢制作什么?
_____

你对筹划什么样的活动感到兴奋?
_____

你做过什么内容的白日梦?
_____

你认为自己将来会做什么?
_____

你想成为什么样的人?
_____

你教过别人什么?
_____

如果你结婚了,你和你的配偶是基于什么结合的?
_____

你获得的最大、最重要的奖励是什么?因何获得?
_____

在孩子出生前,你对自己的认识是否清晰?
_____

不要在这里停下脚步。找回被遗忘的记忆很重要,但也要向前看,想想现在是什么在召唤你。它可能是一个儿时的梦想,可能是一个新的梦想，还可能是一个最近在你的内心、潜意识和头脑中被唤醒的梦想，或者是你对自己的一些新发现。

你不停思考的是什么？你空闲的时候会做些什么？当你从妈妈的角色中偶尔溜出来"休息"一下的时候，你在想些什么？

我说的"休息"可不是指你把自己关在壁橱里偷吃巧克力；或者是你躲进厕所，孩子们只能把脸贴在门缝上跟你说话；再或者是临时保姆把孩子哄睡着以后，你有空睡一会儿的时间。我指的是一天的"妈妈工作"结束后，如果你能挤出点时间，那就来思考一下这些问题吧。

因为，这些所思所想都可能是你应该尝试去创造的事业。

此刻我要跟你探讨的不是技能，因为你可以通过网络来学习技能，也可以通过不断练习来掌握技能。你可以重新利用自己已经拥有的技能，来为新的创业项目服务。技能的确很重要，但并不是最重要的。

此刻你真正需要回答的问题是：**你最爱的是什么？什么能让你感到充实？做什么事情让你感觉最自在？什么让你兴奋，让你觉得自己充满了活力？**

我真的希望，你在辨别自己的天赋、才干和技能时，把这些都写下来。我相信你能做到。你曾经对某件事情投入过大量的时间和精力，现在是时候找回那个曾经的你了。是时候与过去的你再度同行了！

倾听内心的声音，释放激情与坚持的力量

说到创业，准确地定位你的兴趣所在十分重要。只有这样，你才能真正投入激情。如果你对自己事业没有激情，当遇到困难时，你就

会很容易想到放弃，我向你保证，创业的过程会非常艰难。你必须热爱你做的事，热爱你开创的事业，你必须全身心地投入其中。因为只有这样，你才能从沮丧中振作起来，挨过那些举步维艰的日子。

如果我不在这里帮助你弄清酷爱（passion）与爱好（hobby）之间的区别，那就是我的失职。我打算列举几条字典上的定义，以便我们能看出两者之间确切的区别。

酷爱（passion）的定义是："对某项活动、某一物体或者某个概念强烈地喜爱、渴望或者热爱。"爱好（hobby）的定义是："一个人在正式工作之外的一种追求，特别是为了放松而进行的。"

这里的关键区别是，一项是你用来放松的活动，就是爱好。而另一项是你追求的事业，因为你绝对热爱它，它能深深地吸引你，强烈地激起你想要全身心投入的热情，这就是酷爱。

你可以将爱好变成事业，而爱好也有可能变成酷爱。但你更有可能将酷爱变成事业。因为有一个词可以将酷爱与爱好区分开来，那就是：投入。你全身心投入的事情，并不是你可以隔一段时间不去想的事情。它是一种召唤着你、激励着你，容不得你视而不见的东西。这是你一生都该去做的事情。

下面的问题可以帮助你找到自己的酷爱所在。我希望你努力找出每个问题的不同答案，以便给自己一些选择。也许，这些问题需要你花很长时间对自己进行深刻的思考，可能你会觉得很艰难。自省从来都不是一件容易的事，却十分必要。所以，你要静下心来，花点时间根据自己的情况仔细填写。很多妈妈在回答这些问题的时候总是惦记着孩子。要知道，我们首先是一个独立的女性，其次才是监护人。所以，尽量抑制住对自己的批判,不要担心你应该说什么或者你的家人希望你说什么。

如果你不得不参加一个电视选秀,你会选择哪个节目?

_____

你的朋友或家人最有可能请你帮助他们解决什么类型的问题?

_____

你小时候的梦想是什么?

_____

你可以在当地的新闻频道上教观众做些什么?

_____

你正在读什么杂志、文章或书籍?

_____

如果让你为朋友制作一件礼物,你会做什么?

_____

如果你有两周的空闲时间,你会做什么?

_____

你谈论最多的一件事是什么?

_____

对于你喜欢做的事情,哪些会让大多数人得知后惊掉下巴?

_____

哪一件事能让你从内心感受到快乐?

_____

哪一件事你做得不多，但你在尝试做的时候发现自己很喜欢？

_____

如果让你写一本书，你想写什么？

_____

如实回答了这些问题之后，在你酷爱的事情旁边画上小标记。如果你一时间不知怎么回答，就想象明天是你生命中的最后一天，你只能选一件事来做。你会选择什么？一遍又一遍地挑选下去，直到你找到最喜欢、最能激起你热情的 5 件事，并把它们列在下面。

1. _____

2. _____

3. _____

4. _____

5. _____

在通往财富自由的路上，乘风破浪

现在你是不是更清楚自己喜欢什么、关心什么了？我在回答这些问题的时候，觉得现在的我和未当妈妈之前的我，产生了更多的联结。第一步是帮助你发现自己应该着重关注哪种类型的事业。第二步是确定你天生擅长的事情,或者经过培训,已经拥有的技能。

你能想到一种将热爱与擅长结合起来并且赚大钱的职业吗?那不是做梦!想象一下,如果你都在做自己想做的事情,还有人为你做的这些事情付报酬,你会有什么感觉?这就是将爱好与技能结合起来的美妙之处。所以,让我们再深入一点,找出你的能力与爱好交汇的点。这个交叉点就是适合你的职业。

技能是一把双刃剑。我发现有不少事情是我擅长的,但我却根本不想去做。例如,我十分擅长连接电子设备,我知道哪根电线应该连接到哪里,知道应该打开哪个组件。然而,我不愿意做这些工作。我能做这件事,并不意味着我喜欢做这件事,更不意味着我应该做这件事。你会发现有些事就跟你当初学习技能一样。可能有一些事情你擅长做,但是你宁愿赤脚在趾压板铺就的路上跑马拉松,也不愿意去做。有些事你可以做得很好,但你就是不感兴趣。

没关系,我懂。别担心,我们会在下面的表格中为你提供3种答案:是、否、有可能。

第1步:取一支黑笔和一支红笔。

第2步:将你人生中三件成功的事情写在下面的空白处。所谓成功的事情,就是你觉得自己处于领先并取得了一些成就的事情。为了帮助你从更大的年龄范围中选择答案,你可以从童年到青少年时期(18岁及以下)挑选一件事;在青壮年时期(19~30岁)挑选一件事;再从最近5年中挑选一件事。

成功的事情之一：_____

成功的事情之二：_____

成功的事情之三：_____

第3步：用黑笔在下面的表3.1中圈出帮助你成功的技能。例如，如果我成功的事情是圆满地调解了同事之间的分歧，我就圈出做好这件事需要的所有技能。我可能会在这些技能中将"发挥纽带作用""授权""情商"和"评估"等圈起来。

表 3.1 技能评估表

成功的事情之一的技能	成功的事情之二的技能	成功的事情之三的技能
适应能力	适应能力	适应能力
分析	分析	分析
发挥纽带作用	发挥纽带作用	发挥纽带作用
制定预算	制定预算	制定预算
分类	分类	分类
指导	指导	指导
竞争	竞争	竞争
归纳总结	归纳总结	归纳总结
创造力	创造力	创造力
客户服务	客户服务	客户服务

（续表）

成功的事情之一的技能	成功的事情之二的技能	成功的事情之三的技能
决策	决策	决策
授权	授权	授权
设计	设计	设计
激励他人	激励他人	激励他人
编辑或校对	编辑或校对	编辑或校对
情商/交际	情商/交际	情商/交际
估算	估算	估算
职业道德	职业道德	职业道德
评估	评估	评估
活动规划	活动规划	活动规划
加快进程	加快进程	加快进程
灵活性	灵活性	灵活性
前瞻性	前瞻性	前瞻性
产生创意	产生创意	产生创意
形象塑造	形象塑造	形象塑造
执行力	执行力	执行力
即兴创作	即兴创作	即兴创作
发起	发起	发起
主观能动性	主观能动性	主观能动性
革新	革新	革新
直觉	直觉	直觉

(续表)

成功的事情之一的技能	成功的事情之二的技能	成功的事情之三的技能
领导	领导	领导
倾听	倾听	倾听
机械学	机械学	机械学
调解	调解	调解
指导	指导	指导
监控	监控	监控
激励	激励	激励
多任务处理	多任务处理	多任务处理
谈判	谈判	谈判
观察	观察	观察
保持乐观	保持乐观	保持乐观
创造业绩	创造业绩	创造业绩
持之以恒	持之以恒	持之以恒
计划与组织	计划与组织	计划与组织
解决问题	解决问题	解决问题
提出疑问	提出疑问	提出疑问
保持纪录	保持纪录	保持纪录
研究	研究	研究
阅读	阅读	阅读
弹性	弹性	弹性
承受风险	承受风险	承受风险

（续表）

成功的事情之一的技能	成功的事情之二的技能	成功的事情之三的技能
自力更生	自力更生	自力更生
销售	销售	销售
演讲	演讲	演讲
制定战略	制定战略	制定战略
监管	监管	监管
综合性	综合性	综合性
教育与培训	教育与培训	教育与培训
建设团队	建设团队	建设团队
团队合作	团队合作	团队合作
技术	技术	技术
测试	测试	测试
时间管理	时间管理	时间管理
眼光	眼光	眼光
视觉化	视觉化	视觉化
学习意愿	学习意愿	学习意愿
控制意愿	控制意愿	控制意愿
计算	计算	计算
写作	写作	写作

第4步：回头看看你的答案，你圈出的每项技能是不是你喜欢做的事情。如果"是"，就用红笔再圈一次。

第 5 步：留意你用红笔圈了两次的技能。它们不仅是你现在拥有的技能,也是你喜欢使用的技能。

第 6 步：在下面的空白处写下你既拥有又喜欢使用的 10 项技能。

1. _____

2. _____

3. _____

4. _____

5. _____

6. _____

7. _____

8. _____

9. _____

10. _____

第 7 步：用红笔在最令你满意的 5 项技能旁边打上星号。这 5 项技能将帮助你实现梦想。

干得漂亮! 你已经汇总归纳出很多关于自己的情况,接下来我们看看，怎样在现实世界中利用你所拥有的东西，推进你的事业。现在，用你在前几节中得到的答案填写下面的工作表，当你怀疑自己是否走在正确的道路上时，可以在这里找到答案。我希望这些练习能让你比以往任何时候都更确信，你注定要成为一名创业者。

酷爱

写出最能激起你热情的 5 件事，也就是你的酷爱。从最令你喜欢的开始：

1. _____
2. _____
3. _____
4. _____
5. _____

技能

列举你的 10 项技能，从最令你满意的那项开始：

1. _____
2. _____
3. _____
4. _____

5. _____

6. _____

7. _____

8. _____

9. _____

10. _____

当我看到我的酷爱与技能,及所有让我成为独一无二的人才的内容时,我知道自己无法放弃了。所有这些酷爱与技能同时显现在这里,一定是有原因的。这些东西帮我确定了目标。接下来就是迈出这一步。

相信你也一样。你的天赋、才能、想法,这些你独有的东西都在这里了,是时候运用它们了。你内心深处那个小小想法正试图爆发出来。花些时间弄清楚如何把你的热情与技能融入你的商业理念中。我从来没有想过,我的摄影和写作技能会对销售业务带来这么大的帮助。但随着我制定了营销策略,并与我的粉丝们建立了联系,它们最终成了我的宝贵财富。你的酷爱与技能,又会创造怎样的奇迹呢?

在接下来的几章中,我们将通过 10 堂财富课程,探讨能引导你走上创业之路的原则。它们能帮助你找到适合你的、独特的方式来领导他人。你准备好了吗?我们开始吧。

Boss Up!

第 4 章

财富跃迁第一课：
从长远考虑，
遵循并执行每个步骤

CHAPTER 4

第一堂财富课要求你对事业进行长远的考虑。我发现许多初露头角的创业者就是没能做到这一点。他们一头扎进这个行业，只考虑当下和近期想要什么，根本没有考虑将来要做什么。但是，如果你不知道自己事业的长远目标是什么，往往就会踏上通往灾难的道路。即使一切顺利，你也可能在这个过程中额外浪费大量时间和金钱。

　　千里之行，始于足下，你需要牢牢把握自己，然后根据自己的情况和最终目标为事业打下基础。正如史蒂芬·柯维（Stephen R. Covey）所说，你必须"从一开始就把最终目标放在脑海里"。思虑长远将有助于你在创业过程中对每一个变化做出明智的抉择。

　　该如何运用这种策略，不同的人会有不同的想法。也许你很想跳过这个环节，去找你感觉更重要和更有用的东西。如果你没有花时间完成这一章的每一个练习，我真的要提醒你，本章的内容对你的产品或服务能否成功至关重要，所以不要跳过去。

　　相反，如果你是那种会花很多时间来做决定的人，那么我希望你能克服过度思考的本能。不要一坐就是几个小时，一遍又一遍地想着同样的问题。把你的想法写下来，如果需要的话，先放下它，换换脑子，过一会儿再回来。"大脑停摆"这种情况是真实存在的，它不利于你创作最优秀的作品。用定时器设定最后期限，别待在那里，盯着一张白纸。如果这样，你很可能还没等到开始就放弃了。

差异化竞争，让产品抢占市场 C 位

好了，我们假设你已经有了一个关于产品或服务的创意。

我们把你的创意想象成一辆汽车。你把所有的零部件都组装完成，车辆拼起来之后，它就可以上路了。这条路就是你通往成功的道路。展望未来，引领你的产品或服务成为业界的最佳。我说的不是第六名，最佳的意思是第一名。

我来澄清一下。我不是要你成为一名摄影师，更不是在 13 个工作日内就成为世界上最受欢迎的摄影师。我的意思是，环顾一下你的四周，考虑你想去哪里？想一想什么能让你到达那里？你的竞争对手是谁？竞争对手眼下在做什么？你怎样才能改变这个行业的标准，引起别人的注意？如何使你的产品或服务独树一帜，促使人们愿意与你做生意，并且在某个时候，成为别人眼中合格的对手？换句话讲，**如果你没有制订一个能在业界脱颖而出的计划，并在每一件事情上都力求做到最好，就不要进入这个行业。**

当你的事业处于起步阶段时，成为行业最佳，似乎遥不可及。相信我，我刚开始创业时，一想到我的公司能赚到多少钱，我就浑身发抖。我曾对自己说，这绝对不可能。但是，创业的方方面面是环环相

扣的，一件事会引发另一件事，做好了前面的计划，你就不知不觉地做好了聘用你第一位员工的准备。

我要告诫你的是，当我们刚刚起步的时候，"为什么要尝试创业"这样的消极提问很容易在你的脑海中浮现。我希望你从这些经验中学会思考你的产品和竞争对手，也希望你有最大的机会成功，这意味着你要认真审视你即将涉足的行业。

也许你只是像我之前说的那样，想要赚到那额外的 500 美元，这很好。大多数创业者很快就实现了这个目标，于是就开始设想：如果 500 美元变成 1 000 美元，会是什么样子？事实上，如果你问大多数人需要多少钱才能过上他们想要的美好生活，他们往往会告诉你："将目前的收入翻一倍。"问题是，一旦你实现了这个"小目标"，你就停不下来了。我们会不断提高我们的期望值，改变我们对生活方式的看法。这没什么错，反而使得我们能不断地朝着新的目标前进。刚开始的时候，你的目标很小，但你还是应当努力让自己在竞争中脱颖而出，用独特眼光来看待你的产品或服务，使其成为行业最佳。

当我的产品和竞争对手的产品一样时，我通过改变给客户服务的方式来追求业界最佳。我预先将客户可以从我这里获得什么告诉他们，保证永远将他们的需求摆在自己的需求之前。不是口头承诺，而是都做到了。我以与众不同的方式对待客户和同事，这让我们的团队能够脱颖而出。我与客户联系时，除了了解他们想从我的产品中得到什么，还会了解他们在生活中想要什么。

这一策略让我们更受欢迎，使我们备受追捧。还没等我知道最终的结果是什么，对手就开始拼命地想打败我们了。

足够差异化的产品或服务才值得投入市场。从长远来看，这样的产品或服务是最好的。如果你的产品在市场中（一个特定的地理位置或者与你的网上竞争对手相比）排名第10，那很好，你会很高兴有这样的业绩。但是你也要不断追逐那些生意做得更好的竞争对手。一些简单的改变就能使你脱颖而出，到那个时候，你的竞争对手就不得不通过创新来追逐你的成功了。

如果你先了解自己的产品或服务，然后再了解所有竞争的产品，你真的相信你所提供的产品或服务能在同行业中独占鳌头吗？如果是这样，你就可以继续前进了。但如果不是这样，原因可能很多，比如差异化程度不够、市场饱和、办公地点不固定、定价过高等，你也许就得重新开始考虑了。

即使没能夺得行业最佳，你也不必完全放弃你的创意、放弃追寻你的梦想，只需想出一个新的创意来替代原始创意，一个真正有可能使你的产品或服务在其市场中独占鳌头的创意。在做到这一点之前，你不能对你的创意说"好"。你能够说"好"的创意，一定要有能使你在竞争中脱颖而出的独特性。

让我给你举几个我曾在社交媒体上看到过的例子。

最近我在图片分享软件（Instagram）浏览时，看到有18.4万个关于制作木制标牌的帖子。在电商平台（Etsy）快速搜索，得到了16.5万个结果，关于木制标牌的内容到处都是。所以，如果你有了制作木制标牌的好点子，就必须长时间地认真思考一番：怎样才能使你的木制标牌从成千上万的竞争者中脱颖而出？怎样才能颠覆木制标牌这个行业，使你的产品在市场上一直遥遥领先？怎样让你的公司成为世界上最知名的木制标牌制作公司，并在谷歌（Google）搜索结果中占据第一条？市面上的木制标牌制造商多如牛毛，他们在将产品投放市场之前完全没有对其产品理念进行足够的研究。我最近的一次发言活动上，出席了50位创业者，其中有5位是木制标牌制造商。没有哪个人能告诉我，除了字体和木质类型，他们的产品还有什么与众不同，因为没有人从长远考虑要成为业界第一。你不能跟他们一样。

作为一名首次创业者，你应该从一开始就牢牢把握一个原则：从小做起，做大做强。公司做大以后，你可以雇一个团队来帮助你保持产品或服务的市场领先地位。但是，你在创业之初要明白，企业最终的发展方向完全取决于你的创业初衷。如果你的目标并不是很大，比如说，你只是想在几年时间里多一笔额外的收入，想把钱存起来供孩子上大学。你可以选择做自由职业者而不是创业者。我将在本章后面的内容中详细讨论这两者的区别。

思考你真正想从创业中获得些什么，是你在创业之前就应该做的。无论你想让事业发展到什么规模，你的目标之一应当与利润相关。**没有利润，就没有生意。**让你开创的事业和创立的企业真正运转起来，一般来说可能是3~5年。我知道，其实有时放弃目标比坚持下去更能让你快乐，但我还是不希望你过早地放弃！但如果连续几年都无法赢利，你就必须要考虑改变一些东西了。你可以改变工作方式，学习对创业有利的新技能，或者将目光转向能对市场产生更大影响的领域。

让我们看看社交媒体应用软件。美国受欢迎度排名第一的社交媒体应用软件是脸书，2018年拥有1.68亿用户。排名第10的是谷歌开发的一款社交软件（Hangouts），拥有1 500万用户。这真是天壤之别。

因此，除非能找到一种方法来颠覆整个社交媒体行业，否则我就不会把时间、金钱和精力投在开发一款试图击败脸书的应用软件上。在这一领域，仅靠复制脸书功能并不能击败他们，你必须想出一个更好的产品。

同样地，如果我想拥有一家面向妈妈们的零售商店，我不会立马就想着战胜塔吉特（Target）超市。塔吉特不在我考虑中，它是一家大型公司。我应该去和拥有类似产品的精品商店竞争。

亚马逊同样如此。如果我开一家网店，我的目标不会是让亚马逊在未来 10 年破产。它可不是一夜之间就发展到现在这种规模的，而是通过日复一日、年复一年的不断发展、转型和创新，才走到今天的。杰夫·贝佐斯 (Jeff Bezos) 创立亚马逊多年后才实现赢利。也许有一天你我都能与塔吉特或脸书竞争，但现在，还是让我们头脑清醒一点，认真做好一个小创业者该做的事情。

我并不想在这里说些令人沮丧的话。我只是希望，如果某一产品不具备潜力，不能让客户感到惊艳，也不能帮助你在通往成功的路上克服重重困难，生存下来的话，那就别在这上面浪费时间、金钱和精力了。不要推出劣质的产品，也不要推出同质化的产品。你的竞争对手已经率先进入了市场，因此，在你进入之前，必须认真地考虑如何才能成功参与竞争。

反复琢磨你的创意，思考你可以怎么改进它？怎样才能给客户提供一些他们意想不到的东西？如何添加一个以前没有见过的新功能？也许你能使产品多样化，这样就可以用你的创意做出一些全新的东西了。或者你可以改变交付产品的方式来提高客户满意度。要不断改进你的创意,直到提出一个让市场其他玩家都羡慕不已的创意。随着时间的推移,随着你对最初创意的改进,你还需要一次又一次地经历同样的过程。现在来回答一些关于你准备创办的公司的问题:

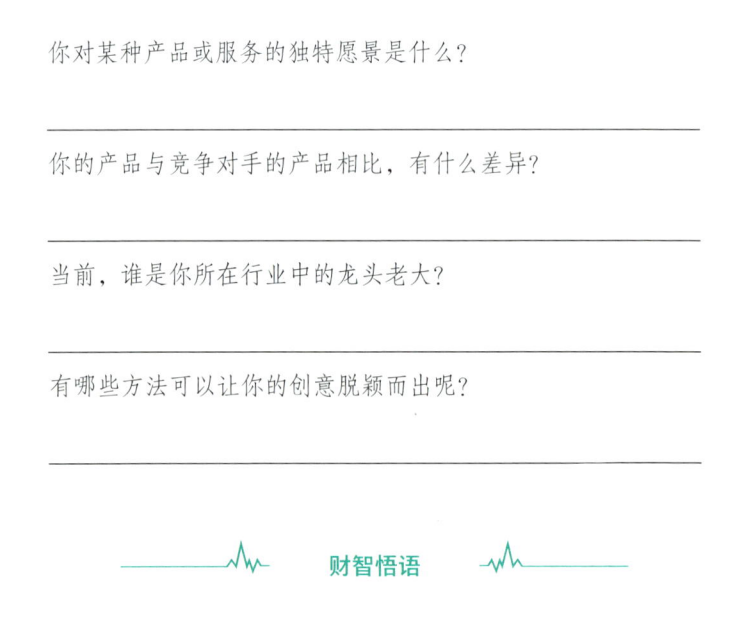

你对某种产品或服务的独特愿景是什么?

___

你的产品与竞争对手的产品相比,有什么差异?

___

当前,谁是你所在行业中的龙头老大?

___

有哪些方法可以让你的创意脱颖而出呢?

___

财智悟语

你是否有富有创造力的朋友,当你告诉他们一个创意时,他们会马上想出新的、衍生的创意?如果你有这样的朋友,将你的创意告诉他们,请他们给你一些建议。

勾勒用户画像:锁定核心客户

在你为产品命名之前,或者打算成为一个有影响力的人之前,首先要明确,你的目标顾客是哪些人,然后再制定营销策略。你还需要明确，怎样才能接触到够多的顾客，以保证你的事业能成功存活下去。这些目标确定之后，接下来需要做哪些事和决定，就会一目了然。

怎样确定目标市场？想想看：我希望让什么人使用我的产品或接受我的服务？大多数人认为这个问题的正确答案是"所有人"！我希望人人都买我要卖的东西。如果你真的这么想，我可以告诉你，很多人和你想的一样。但事实是，如果你推销的产品是面向所有人的，那就相当于没有向任何人推销。如果你能够把注意力集中在一个更具体的目标市场上，效果会好得多。

目标受众过于宽泛的创业者往往会失去受众的信任。他们对你提供的产品或服务的理解可能会有偏差，甚至可能产生误解。和千禧一代说话的方式，与和退休人士说话的方式是不一样的。所以，要始终如一地关注某个更具体的目标市场，并且始终如一地在脑海中设想如何向这个市场推销，才能与潜在的客户建立信任。

记住，向特定类型的人群进行营销，并不意味着你就不会遇到例外。目标群体之外的人可能会对你提供的产品或服务感兴趣。例如，正在读这本书的人，有一些其实还没有孩子，或者根本不打算要孩子。嗨，没有孩子的朋友们，感谢你们也能读这本书，即使你们家没有正在搞破坏的孩子。这些都表明，即使你很清楚你的潜在客户是什么人，也会有你意想不到的人找上你。

读完这部分内容后，我希望你对"谁会购买你的产品""你的产品可以满足客户的什么需求"等问题已经有清晰而深刻的理解。我坚信不少创业者失败的首要原因是他们的产品缺乏市场需求。如果没人想买你的产品，你就赚不到钱。所以，让我们先找到那些需要你的产品或服务的目标人群,以确保缺乏市场的情况不会发生。以下这些问题有助于你更好地了解你的目标人群。请尽量具体地回答这些问题。

你想接触什么年龄段的人?

___

性别是什么?

___

列举他们感兴趣的 3 件事。

___

列举他们最看重的 3 件事。

___

他们在哪里生活?

___

他们的收入水平如何?

___

他们结婚了吗?

___

他们如何谋生?

___

他们一天中有多少自由时间?

___

他们的信仰是什么?

___

他们的种族身份是什么?

_____

他们有孩子吗?几个孩子?

_____

他们的爱好是什么?

_____

他们开哪种类型的车?

_____

他们的教育水平如何?

_____

他们读哪类书籍?

_____

现在你对自己的目标顾客有更清晰的了解了吗?是不是感觉具体多了?恭喜你,你已经步入正轨了。明确这一点很重要,因为这些因素将影响你的目标客户的购买决策。

现在需要进一步再问问你自己,刚刚确定的目标人群是否能从你正在考虑创造的产品或服务中受益,并且发现其价值?

◆ 你的产品或服务能满足他们的需求吗?
◆ 你的产品或服务会使他们的生活更轻松、更便利吗?
◆ 他们愿意拿出部分可支配收入来换取你的产品或服务吗?

如果你不确定这些问题的答案,那么,和属于你目标客户的人们谈一谈,他们会告诉你真相。深入自己的目标客户群,这一点尤其重要。不要想当然地以为人们想买你的产品或服务,问问那些对你没有感情依恋的人,他们是否会买你的产品或服务。

有一次,我走进一家相当大的公司的办公室,发现80%的小隔间里都挂着我的照片。刚开始我有点惊慌,后来工作人员告诉我,每一位面向客户的员工都拿到了我的照片,这可以帮助他们更好地面对目标客户,而我就是这家公司目标顾客的典型。所以,这家公司的员工不需要大费周章了解自己要联系的人是什么样的,简单地找来一张我的照片,这就是目标客户的具体形象。

我认为这种做法十分聪明,聪明到我想让你也尝试一下。找一张代表你的目标客户的照片,把它打印出来,然后贴在你的电脑旁或者工作的地方,这样你就能时刻提醒自己是在与什么样的人交谈,提醒你应当用你的产品或服务来满足什么人的需求。

更好的名字,会带来更好的"钱"途

接下来,你打算怎么称呼自己的企业呢?是时候给你的公司起个名字了。说到品牌名称,你真的只有两种选择。要么给你的公司取个名字,要么以你的名字给公司命名。你的公司名或者简写会引起歧义或误解吗?你选择的名字是否经得起时间的考验,是否能让更多的人成为回头客?以下是为你的品牌命名时需要考虑的事情:

简单。当你的客户大声说出这个名字时,这个名字听起来怎样?

是不是很难拼写或者难以理解？像弄一块炫酷的车牌上路那样来命名你的公司，可不是一件有趣的事。想想摩托罗拉 Razr 手机和欧斯洛可舒能（Oscillococcinum），如果人们不得不花很多时间去记住如何拼写或说出你公司的名字，他们就很有可能转而去找你的竞争对手。

清晰。在我写作生涯的早期，有人给我提了两条建议，改变了我对书名和产品名称的看法。第一条建议是："一定要用尽可能少的字让读者知道你的书是写什么的。"第二条建议是："不要指望副标题或广告文案能弥补糟糕的标题。"产品名称应当简明扼要地说明它是什么以及它为什么会使消费者受益。它应该透露足够多的信息，使读者不用去阅读每一个细节，就能判断对内容是否感兴趣。简单和直接并不意味着乏味和无聊。花 3 分钟浏览一下那些播客的名字，你就会明白我的意思。标题要既清晰又有趣。

挑选一个能通过"咕哝测试"[①]**的名称**。这是作家唐纳德·米勒（Donald Miller）提出的一种观点，他主张名称应该简单到原始人都能理解的地步。这也是我们在公司名称和产品名称上要追求的。你的品牌名称最好是有一定的意义，这样会更容易理解和记忆。但如果它是由首字母、术语、内部信息或者自创的单词组成的，那就不是什么好的主意。当然，没办法完全做到这一点也没关系，我们可以从不好的方案中挑选出不那么糟糕的创意来用。只是，不要在那些糟糕的创意上花费过多的精力。

确保你可以使用。相信我，你肯定不会想给你的品牌取一个不能合法使用的名字，然后在万事俱备的时候收到一封警告函。你可以很

[①] The Grunt Test，公司名称注册测试软件。

容易地在网上查询专利和商标，看看你想要的名字是否可用。一定要多查查你想使用的名称的不同版本。即使某个名称是合法的，你也不希望它和其他公司的名称相差无几。

检查是否有可用的网络地址与之匹配。请记住，地址要足够简单，好让人们轻松记住并输入浏览器中。既然网址不是特别贵，可以考虑多买一个。最近我把网址从 lindsayteaguemoreno.com 改为 lindsaytm.com，因为这样人们更容易找到正确的地址。我还购买了 LindseyTM.com 这个网址，以防有人错把我名字中的 a 拼成 e。我经常躺在床上彻夜难眠，思考着新点子，一旦有了新点子，便立刻买下这个域名，以备不时之需。现在，我的域名收藏夹都快爆掉了。你可能会问，我手上最糟糕的域名是什么？我觉得是 RichandFabulous.net（富人的神话.net），现在再来看这个域名，会让我倍感羞愧。

用搜索引擎搜索你取好的名字以及商业概念中的关键词，通过关键词在搜索引擎上查看品牌名称的有效性。搜索使用了类似关键词的网页，看看还有谁在使用与你相同的概念？人们是如何理解和判定你要使用的这个词的？它合理吗？还有哪些创业者也选择了类似的名称或概念？你查过《城市词典》(*Urban Dictionary*) 吗？之所以要做这些，是因为你肯定不想给公司起好名字后，发现它的其他含义在最好的情况下，也被理解为"有反人类倾向"（Cards Against Humanity）。

和能坦率提出意见的人一起测试。当你在网上或者通过其他资源做了调查之后，再去询问一下你身边那些喜欢直言不讳的朋友。在我们的生活中，总有一些不愿实话实说的人，他们会说我们想听的话。这些人会使我们暂时感觉良好，但从长远来看，会让我们误入歧途。

选择一个与你的目标人群相关联的名字。如果你的目标顾客是千禧一代的女性，就不要选择那种能引起 70 岁男性共鸣的名字。最重要的是了解你的目标受众，以及他们交谈时用的语言。这一点在文案中尤为重要。如果你的目标人群是空巢老人，你的潜在客户会像一个 23 岁的年轻人那样，经常用到"上头""我酸了""带节奏"等网络用语吗？很显然不会。

你是否已经有了一些想法？花点时间在下面的空白处围绕品牌名称进行一番头脑风暴吧：

_____

_____

接下来，写下你最后的选择，并确保它符合以上提到的 8 个因素：

_____

_____

打造个人 IP：最能代表公司的就是你自己

你可能没有考虑过让谁来当你的品牌代言人，但这是你在刚开始的时候就应该考虑的一件事情。最简单、最明显的答案是你自己，毕竟这是你的公司。

这并不意味着你的公司必须在生产产品时都印上你的头像，再刻上你的名字。你还是可以随意地命名你的产品,并且以你认为最好的方式包装它们。不过,如果你希望人们一看到你的名字和头像,就能联想到你的产品,那就考虑一下,你的最终目标是成为自己品牌的代言人吗?

我在创办自己的销售企业时犯了一个错误,创立了一个没有以我的名字命名的品牌,但是后来这个品牌大获成功。我创造了这个品牌,并发展了它。我一直在想:这个品牌到底代表了什么?我本应是这个品牌的代言人。然而,我觉得自己作为品牌的所有者,还不够资格把我的名字写在上面。

我曾认为这是谦虚的表现,毕竟把我的名字放在我创造的品牌上,听起来是自私的。也许我有点害怕将自己公之于众。不管怎样,我最终没有那么做。所以,后来当人们得知我是那个品牌的所有者时,他们总是将信将疑。当人们知道我的品牌名称却从未听说过我时,这明显是我做得不够到位。虽然我是一家产值百万美元企业的创始人,还是一位演说家、播客、教育家,但还是有许多人不知道我是谁,不明白他们为什么应该听从我的建议,这也是我的错。在本周的一次采访中,有人告诉我,在网上找到我的信息有多难,这还是我的错。之所以会出现这种问题,是因为我没有从长远考虑我的品牌及我的发展目标。

事实上,最明智的做法是把头像和名称印在产品上。**人们往往更相信一个人而不是一个品牌名称。**想想吧,为什么公司经常请名人来兜售他们的产品,而不请名不见经传的演员或是不知名的产品倡导者?因为我们信任那些我们"认识的人",不太相信"不认识的人",这是人类的天性。我们觉得自己"认识"奥普拉·温弗瑞(Oprah Winfrey),所以买她最喜欢的东西。我们相信,她建议做的事情会对我们有好处。这就是我们跟艾伦·德詹尼丝(Ellen DeGeneres)买一样的化妆品,跟知名运动员买同款手表的原因。熟悉的面孔和名字就是对产品最好的推销。

即使某家公司的领导并不是具体的某个人,但作为消费者,我们也会自然地寻找一个我们认为可以与该品牌相匹配的人。我们倾向于从人手中购买产品,而不是从公司购买,这似乎尤其适用于在线销售。

以苹果电脑为例。人们痴迷于史蒂夫·乔布斯(Steve Jobs)是有原因的。将好的产品与人联系起来,而不是与组织联系起来,使我们感觉自己与产品的联结更紧密了。苹果公司在成长过程中并没有完全理解这一点,他们甚至一度解雇了乔布斯……然后又做出让步,把他请了回来。人们不确定乔布斯是不是一个善良、热情、友善的人,但却很渴望通过产品与他产生更多的联结。你想过这是为什么吗?因为乔布斯是苹果故事中不可或缺的一部分,我们希望生活中有更多这样的故事。我们将在另一章深入讨论这个问题。

换句话讲,即使你给公司起了一个响亮的名字,我也希望你认真考虑,让你的个人身份成为品牌的一部分。不要犯我犯过的错误,太晚意识到这个问题。在销售方面,最能代表公司的是你自己。如果你愿意勇敢地走出去并且让人们将你与你的产品或服务联系起来,那么,你的头像、你的名字、你的性格、你的声音、你的故事等,都将转化成销量。

花时间和精力在公众面前营销自己

你的品牌特征与你实际的品牌是有区别的。一说到品牌，人们通常会想到标志、颜色和字体。但这些只是品牌的特征，而不是品牌本身。

简单地讲，你的品牌并不仅仅是指你的标识（logo）。你的品牌是人们私下对你的公司以及你个人的评价。它是人们与你的网站或社交媒体账户互动时的感受。让一家企业成功脱颖而出，最重要的一点是：你必须充分地理解自己和公司的每一部分。

读到这里的时候，你可能会对用自己的形象做品牌有些难为情。我知道现在你脑子里闪现的每一个顾虑，因为我曾经也一样。赋予你创造的品牌特征、颜色和感觉，跟你用它们来塑造自己，完全是两码事。花时间和精力在公众面前营销自己，也许会让你觉得有些以自我为中心，还会让你更容易受到攻击。

人们经常说："神奇的企业是靠自己发展的，最好的创业者根本不必推销自己。"而我要说："这就是胡说八道！"如果某家公司的名字或者公司老板的名字能够做到家喻户晓，那几乎都离不开他们自己的主动经营。这条规则很少有例外。

品牌是刻意创造出来的。 聪明的商人会有目的地为自己创造一个名字。他们一遍又一遍地将他们的品牌以及他们自己推向目标市场，以打造响亮的品牌。品牌是不会自己推广自己的。

你必须做好打造自己的准备，并且使自己成为公司品牌的一部分。 尤其我们正在讨论的是还在酝酿中的小企业，要想成功，你需要去了解你的客户。然而更重要的是，让他们了解你。你就是成功的秘密武器。对于已经建立起来的大型公司，让人们熟知你的品牌也是至关重要的。在今天这个被社交媒体驱动的世界里，你必须将自己融入品牌，让人们来选择是不是喜欢你的品牌。你的品牌需要有个性，即使你可能并不愿意展示自己的个性来塑造品牌。

事实上，现在的大公司也在朝着个性化的方向发展。他们正在改变与人们互动的方式，因为消费者受人影响以及与人沟通的方式也改变了。这就是为什么产值数十亿美元的公司会在推特（Twitter）上跟单个顾客互动，会在社交媒体上创造一个人物角色，并且尽力取悦客户，以此获得客户的忠诚度。

如果你不相信，花3分钟看看航空公司和快餐业在推特上的博弈。如果你现在想愉悦一下自己的心情，那就看一看老香料（Old Spice）、塔可钟（Taco Bell）、本田（Honda）、温蒂汉堡（Wendy's）、西南航空公司（Southwest Airlines）、戈登·拉姆齐（Gordon Ramsay）、佩托比斯摩（Pepto Bismol）和米勒淡啤酒（Miller Lite）在网上发布的搞笑视频吧，它们肯定能让你眼前一亮。

今天，你真的别无选择。

如果你想在竞争中脱颖而出，就必须把真正的自己放在观众面前。当客户选择从你的小企业购买产品时，他们实际上是因为认可你。朋友们，竞争很激烈！因为总有人想压低你的价格，因此你必须成为市场信任的品牌，而不是廉价品牌。

那么，该如何定义你的个人品牌并迅速赢得顾客的信任呢？接下来，我将概述一些有用的品牌策略。

品牌策略 1：创建一份你能持之以恒做到的品牌词

品牌"潜台词"，以下简称品牌词，是能够最精准地描述你的品牌基调和文化的 10 个词。理想的情况下，它们将是你在做生意时，希望自己的品牌呈现的特质。一旦你想出了这样的词，它们就可以帮助你将营销始终聚焦在目标客户上，并且保持一致性和公开性。

我是在创业大约一年后才确定了自己的品牌词，以下这份清单对我很有用。我希望我的品牌在人们脑海中形成这样的印象：

创造性	独特	睿智	聪明
有价值	强大	真诚	坚决
创新	诙谐		

最近我对我的社交媒体粉丝进行了调查，以了解他们对我的品牌的看法。我问他们，当他们在网上和我互动时，会想到什么词？其实我想了解的是粉丝们是不是在以我想要的视角来看待我的品牌，同时，私底下他们又是怎么评价我和我的产品。

以下是我的粉丝们用来描述 LTM（琳赛·蒂格·莫雷诺）品牌的 10 个词语：

令人鼓舞	趣味盎然	务实	多姿多彩
真诚坦率	说一不二	新颖	聪明
强力	有趣		

注意这两份清单是多么相似。对我来说，这种相似性证明了我对品牌的设定与客户的认知是一致的。

我希望你也能拥有这种品牌一致性，这好比你在对客户一遍又一遍地说："我永远都会在这里；这就是我喜欢的；这就是我正在做的；这就是我，你可以相信我。"这种信任能够推动你的产品销售。创建自己的品牌词清单是很有意义的做法，有助于保持品牌一致性。

这项工作非常重要，因为它为你的品牌定下了基调。如果你没有先确定你的品牌基调，受众就会自行创建他们对于你和品牌的品牌词清单，不管你喜不喜欢。如果你肯花时间创建这个列表的话，你就有机会去影响人们对你和公司的认知。

你要抓住的重点就是：你必须持之以恒地按照这些词所描述的去做，这就意味着它们应当与真正的你相一致。当然，它们不一定能定义你是什么样的人，没有人可以用一个简短的词语列表来全面地概括某个人，但它们能代表你。因此，不要选择那些你无法始终如一落实到行动上的词。

举例来说，你可能希望自己的品牌对客户来说非常有趣。但如果你不是聚会上那个引人瞩目的女孩，而只是和人们一起笑（或者被人们取笑）的那一位，那就很难让你品牌跟你自己做到一致了。所以，把注意力放在那些能够真正代表你和品牌的词语上。别用那些不能准确描绘你的词语，比如上面例子中的"有趣"这个词。用那些能够描绘你的词语，也许是"可靠"或者"富有创造力"。少关注那些你无法在行动上表现出来的词，多关注那些你可以完美而持续地表现的词。

为了创建你的品牌词列表，首先需要进行一轮头脑风暴，找出20个能够描绘你的公司和你的公司最辉煌时会是什么样的词。我常说，我的品牌词就是我一生中收获的赞美，它们就是我的标签，能让我感觉极好，这些词就是我希望人们用来描绘我的品牌的词。

1._____	2._____	3._____	4._____
5._____	6._____	7._____	8._____
9._____	10._____	11._____	12._____
13._____	14._____	15._____	16._____
17._____	18._____	19._____	20._____

现在，把20个词语进一步压缩到10个，将它们稍稍修饰一下。赋予这些词魔力：别说"有趣"，说"诙谐"；说"精致的"而不是"花哨的"；用"标新立异"而不是"不同"。这10个品牌词能使你的公司形象鲜活起来。它们有助于你在日常工作中与之保持一致。

我希望你在与客户的每一次互动中都将你的品牌词展现出来。一定要让人们在阅读你的社交媒体或博客时能够感受到这些词。把你的品牌词列表贴在办公室里，这样你就不必担心要做的事情与品牌词不一致。

写下你最终确定的10个品牌词。最好用一种显眼的字体将它们打印出来，然后贴在你每天都能看到的地方。它们将帮助你保持品牌个性、真实性和一致性。

1._____ 2._____ 3._____ 4._____

5._____ 6._____ 7._____ 8._____

9._____ 10._____

品牌策略 2：确立你最珍视的核心价值观

核心价值观是一个人或一家公司的基本信念。所有关于公司的决策，都应该基于你对于什么是好的、真实的、正确的和最佳的判断。**你的核心价值观应当从一开始就渗透你的组织、产品、服务和公司文化的血脉之中，并且持续下去。**当你未来扩大企业规模并招聘新员工时，分享这些核心价值观将帮助新员工，加深他们对你的工作方式，以及你的信仰的理解。

2009 年，苹果公司透露，他们的品牌核心原则之一是：推出能够真正为市场做贡献的创新产品。如果他们正在考虑扩大产品生产线的规模，或者研发一件新产品，他们只会在能够为市场带来创新的情况下，才会这么做。他们不会只因为想扩大生产，就把苹果的标识贴到与现有产品重复的东西上。新的产品必须表现出真正的创新，才能对市场有贡献。对于苹果公司来说，这个很好的品牌原则，可以作为他们商业决策的依据。

每家公司都有不同的核心价值观，使得他们在竞争中区别于其他对手。我们普遍认可一些真理和价值观，但它们对每家企业的重要性各不相同。在这一节中，我想让你列举出你最珍视的核心价值观。当你面对棘手的问题时,这样的清单一定十分有益。将价值观列表应用到这些问题上,有助于你知道哪些决策是对的,哪些是错的。价值观决定你的行动。

我的一条核心价值观是:永远把诚信看得比商机更重要。我不会销售我不相信的东西,不会推销自己不用的东西,不会在客户面前虚假地表现自己,即使这意味着,我得不到其他创业者能得到的机会。因为我很清楚自己对诚信的渴望,所以我能轻而易举地分辨出,哪些机会值得追求,哪些不适合追求。举个例子。几周前,我收到了一些商家发来的邀请,他们想借助我的平台,向粉丝推销以下产品:

时尚应用软件	商业网课	社交媒体应用软件
宝宝快照产品	出租的度假屋	非营利组织的贺卡
耳　环	定制珠宝	牙齿美白
牛肉点心	口香糖	茶

我在看到这份清单时,我马上就知道,我可能永远也不会使用或喜欢的产品是含牛肉的小食品和宝宝快照产品之类的东西,因为我不属于他们的目标人群。我的代言费是多少并不重要,但我绝不能把自己不喜欢的东西放在我的粉丝面前,这么做会违背我的核心价值观。我以前没有这样做过,现在也不会,因为这会辜负粉丝们对我推荐的产品的信任。别人可能会这样做,对此我完全没有异议。

上面的列表中有一些产品可能对我有用,所以我会试用。如果我喜欢,就会考虑把它们推荐给我的粉丝,但不会在没有试用,并且不知道它是否适合我的情况下，承诺发表关于任何产品的文章。

列出自己的核心价值观可能需要一些时间仔细思考一番，但确实值得去做。展开头脑风暴或者专注自省，试着为你的公司列出10条核心价值观。它们应该反映你的个人价值观。一旦你把这些写下来，就很容易将企业文化传达给你的客户和未来的员工。如果你不知道如何着手，那就先挑选一些价值观类的词语，然后围绕这些词确立价值宣言。为了帮助你参考，先介绍几条我自己的企业价值观：

1. 我们相信诚信比商机更重要。
2. 我们在生产的每一件LTM产品上都添加了独特的元素。
3. 我们不懈地寻找我们能够满足的需求。
4. 我们深知信任是成功的基础，并努力打造值得客户信任的品牌。
5. 我们相信积极的环境是学习和成长的必要条件。
6. 我们认为自主品牌能催生最好的作品。
7. 我们的工作方式是鼓励员工保持好奇心并提出问题。
8. 我们鼓励员工在工作和生活中都要保持身心愉悦。
9. 我们相信明快的颜色和逗笑的俏皮话都有正能量。

下面请写出你自己的核心价值观：

_____

_____

_____

品牌策略 3：确定你能始终如一传递给客户的承诺

品牌承诺是一种声明，它告诉客户，如果他们选择你，而不是你的竞争对手，可以期待得到什么。这一承诺将告诉他们，你的公司建立在什么样的原则之上，并且让他们知道，为什么你的产品对他们来说是最安全的选择。

举一个我们可能都听说过的，关于品牌承诺的例子："最多 15 分钟，我们就可以为你节省至少 15% 的汽车保费。"美国汽车保险公司（GEICO）向你承诺：如果选择他们的保险产品，他们会用比买一杯咖啡还短的时间，为你省钱。

确定品牌承诺，需要用到你在之前的练习中列出的核心价值观。现在，你有机会仔细思考如何将这些价值观付诸行动，让你的客户真正相信你的产品或服务。你可以问自己下面这些问题：

- 你会为自己向客户提供了最好的服务而感到自豪吗？
- 你会保证产品在一定时间内有效，否则客户可以退款吗？
- 你会承诺在价格上比竞争对手低吗？
- 你会确保客户在规定的时间内收到已经买下的产品吗？
- 你的公司会是一家始终超前思考和不断创新的公司吗？
- 在包装和运输时，你会考虑环保吗？

试着创造性地考虑一下你可以向客户承诺的事，这样他们就会对自己掏钱买下的东西感到亲切。这种感觉也是我在最喜欢的咖啡店

"荷兰兄弟咖啡"花钱时的感觉。每次离开这家咖啡店的时候，我都会对自己在他家消费感到高兴，也会对他们提供的产品以及服务感到非常满意。荷兰兄弟一直在坚持兑现他们的 3 个品牌承诺。去买杯荷兰兄弟咖啡吧，你会和我一样认可他们的。他们的品牌承诺是：

1. 不能为了利润牺牲品质。
2. 所有各方必须共同努力，全力以赴提供最好的体验。
3. 我们是一家咖啡公司，但我们提供的产品是友爱。

品牌承诺是你始终如一地传递给客户的东西，这会让你的客户相信你，并且付出宝贵的时间和资源来认可你。一旦你的生意开始不稳定，你就应该回顾这份清单，确保它们就是你要为客户提供并且一以贯之的承诺。请写下你认可的品牌承诺：

_____

_____

_____

品牌策略 4：简洁有力提出你的产品独特卖点

定义你的品牌的最后一步是写一份声明，概括你是什么人，为什么与众不同。这份声明就是产品的独特卖点 (unique selling proposition，简称 USP)。产品独特的卖点代表了你能提供，而竞争对手不能提供的东西。这是你独有的竞争优势，更是客户从你这里购买产品的原因。我列举了一些成功品牌的独特卖点：

- 汤姆鞋（Toms Shoes）：汤姆鞋新颖、舒适、轻便、便宜。
- 联邦快递（FedEx）：使命必达。
- 塔吉特（Target）：期待更多，花费更少。
- 宝马（BMW）：驾乘乐趣，创新极限。
- 牛奶巧克力豆（M&Ms）：只融于口，不融于手。
- 戴比尔斯（DeBeers）：钻石恒久远，一颗永流传。

你会注意到，大多数产品独特的卖点被用作了品牌宣传语，这很好。只是要小心，不要让产品卖点朗朗上口，却与产品不匹配，因为，它是你创业的牢固基石。

我在思考产品独特卖点时，花了几个小时去琢磨对我来说什么才是真正重要的。我一直在问自己，在女性创业的领域里，有哪一件事是我一直在做，而其他人却没有做的呢？想到这一点时，我决定用爱和幽默来传达残酷的事实，帮助未来的女性创业者做好迎接事业发展的准备。虽然很多人都在鼓励创业，但谈到创业真正的难处时，能以一种有趣的方式来谈论这一点的人并不多。我想成为这个领域里不一般的领袖，和我的粉丝们同在一个战壕里，使他们能够开怀大笑。这就是我独特的地方。所以，我的独特卖点就是：创业需要鞭策，我就是鞭策你的人。

考虑一下未来的事业吧。你的竞争优势是什么？你能提供而大多数人不能提供的东西是什么？要花时间思考什么对你来说是重要的、什么使你与众不同，然后尽可能简洁有力地阐述你的观点。

你的独特卖点将成为你的推销语。当别人问你，你的公司做些什么时，你就要说出独特的卖点。假如你的产品或服务与别人相似，那么，独特的卖点将使你的产品或服务脱颖而出。记住，写出这样的宣言，是为了客户的利益着想。它的目标应该是使客户愉快，而不是试图说服怀疑你的人。

这里的一些问题有助于你深入了解独特卖点所包含的内容：

- 你打算满足客户什么样的需求？
- 你的产品和其他同类品相比有什么不同？
- 在销售自己的产品或服务时，最让你兴奋的是什么？
- 你希望你的公司拥有什么样的活力和企业文化？
- 你想实现些什么？
- 是什么促使客户从你这里购买产品或服务？
- 为什么你的客户需要你？

用你对这些问题的回答作为一个起点来进行头脑风暴，找出使你和企业脱颖而出的东西，然后写下你的产品或服务的独特卖点：

_____

_____

_____

为个人和公司设定明确的底线

在我们进一步研究满足目标市场需求的理论和实践之前,我想先花点时间谈一谈底线。为自己和公司设立明确的底线,是长期发展需要考虑的重要内容之一。

我在社交媒体上成名之前,犯过一个错误,那就是没有完全理解底线的重要性,我为此付出了代价。==对于喜欢取悦他人或者关心陌生人对他们的看法的人来说,底线可能让人感觉有点冷漠、刻薄或可怕。==我知道那种感觉。我希望人们喜欢我和我提供的东西。

当人们在网上对我说些刻薄的话时,我感到无比烦恼。你在市场上"开疆拓土"时,这种现象会如影随形。它总会在某一时刻发生在你身上,让你很受伤。当时我还没有完全弄明白,怎么才能做到不去在意别人的想法。

不过,我现在明白了,为个人和公司设定真正明确的底线是非常重要的。有了底线,你才能确定自己的优先事项,才能知道你是什么样的人,不愿意做什么样的事。最好是一开始就做好这些准备。

我也是通过惨痛的经历才明白这一点的。刚开始创业时,我并没有设立底线。我夜以继日地为别人做免费的工作,好让他们觉得我有价值。这对每个人都有利,除了我和我的家人。结果,人们开始依赖我提供的免费资源,请我帮他们做事。即便如此,有时候我还是会收到一些团队成员的电子邮件,他们在邮件中气愤地抱怨我没有为他们做本该是他们做的工作。我制造了一只"权限怪兽"。这也给我的人际关系带来了压力,让我筋疲力尽。所以,我必须为自己设置底线。

你无法相信这种做法给我带来了多么大的伤害。人们已经习惯了随时从我这里获得免费的东西。这就好比，他们常常对我说"跳一跳"，而我会问他们"要跳多高？"但是，当我最后说"不"时，他们的反应就不友好了。

为什么我一开始要同意做这些事情呢？坦率地讲，我曾以为这么做是正确的，我觉得仆人式的领导就应当如此。而且，我认为这是赢得粉丝的唯一途径。我甚至不知道，原来我可以根据自己的时间以及可以提供的帮助来设置底线。我以前不知道自己可以选择，现在我知道了，我正在尽最大的努力来坚守底线。我将在这本书里花些时间探讨仆人式的领导方式。==仆人式领导并不意味着你永远不能拒绝别人。==

涉及你的时间、金钱和精力时，有意设定的底线有助于你明确自己能够给别人什么，以及你在哪些方面不愿意妥协。说实话，设置这样的底线，对我来说很难。我在这方面依然很挣扎，我曾为了讨人喜欢而忽视了自己的健康与幸福。所以，当我告诉你要经常对别人说"不"时，我从不认为你会感到兴奋。但我希望，你无论如何都要这么做。在我们设定底线之前，我先说几个事实：

1. 说"不"，对你和自己的事业来说，不只是一个好处，更是一个重要条件。
2. 说"不"，让你能够在那些对你来说重要的事情上说"好"。
3. 别人认为你该做什么、不该做什么，并不意味着是为你好。
4. 即使你对别人提出的每一次机会、每一个要求或者每一种需要都说"好"，你也不可能取悦所有人。

5. 设定了底线，你便能在开创事业的同时过上你想要的生活。

结合这些事实，我确立了一些不可协商的规则，如今，我依然借助这些规则来经营我的公司。它们是：

1. 我不会使用我的平台鼓励他人购买他们并不喜欢的产品，而且我会如实地评价我喜欢的和不喜欢的产品。
2. 我不会用自己的平台分享我不支持的个人或组织的慈善需求，比如行动呼吁或筹款。
3. 我不会回应社交媒体上涉及宗教或政治的敏感话题。
4. 当有人向我请求帮助时，我会按他们的请求伸出援手，但不会提供额外的帮助。
5. 我不会免费工作，哪怕是为了提高"知名度"。我的时薪标准在演讲、出镜、写作和发挥影响力等各个方面都是一样的。
6. 我珍惜他人的劳动成果，并对他们提供的服务或产品付费。
7. 我会在线上和线下分享我不完美的一面。
8. 我会阅读所有发给我的评论、信息和电子邮件，哪怕必须请人帮忙回复每条信息。
9. 我不会在专门为家人和朋友留出的时间里讨论工作。
10. 我会尽可能删除那些不尊重他人或者伤害他人的评论、信息或电子邮件，即使不能删除，我也不会回复。

这份清单经常能帮助我做决定。当有人请我免费指导他们时，这份清单会告诉我,那是我不愿意做的事情。当有人让我分享他表弟的、朋友的、男朋友的"资助我"(GoFundMe 美国知名众筹平台)的链接和故事时,我可以很明确地给出回复,因为我不会用我的平台来分享这些,即使对方的链接和故事是出于某种公益需求。当有人在社交媒体上批评我,只是因为她今天过得很糟糕,觉得她的意见需要公开发表时,我可以毫不内疚地删除这些评论,因为她是在我的社交媒体上发表的,我可以选择删除,这是我的权限。

你在思考我列出的关于底线的 5 个事实时,应该花点时间咨询一下你生活中的几个关键人物。当你在确定涉及时间的底线时,和那些愿意与你分享时间的人坐下来谈一谈。如果你的钱是和家人共同管理的,那就要在钱的问题上确立好底线。

让我们再次着眼长远,考虑下面这些要素:为了不让未来的自己疲于奔命,你需要采取什么措施?你需要确立什么样的底线来保护自己,不让自己失去对事业或产品的热爱?把底线作为一种工具,确保你对自己的事业保持长期的兴趣和投入,避免所谓的"三分钟热度"。那么,基于你的个性和环境,你认为应该确立的底线是什么?在下面的空白处列出至少 5 条你可以为自己确立的规则:

1. _____

2. _____

3. _____

4. _____

5. _____

一开始就要明确自己想当创业者还是自由职业者？

最后你需要确定的一件事是：当你计划创业时，就要提前规划好什么情况下应该退休。开始创业时你肯定会兴奋不已，但事实是，我们不可能，也绝不会永远工作下去。退休是一件大好事，也是我很期待的，但这份期待需要有一个计划去实现。如果将来我想退出现在正在创办的公司，那就需要做好规划，使这家公司在我退休后依然能正常运转，并且让自己能够继续享受丰硕的劳动果实，因为它们是我创立公司和经营期间把一切都安顿好的回报。你也应该这样。

我经常看到有的创业者把创业者和自由职业者搞混。其实，这两者有很大的区别，理解这一点十分重要。创业者是企业的所有者，他会制订扩大企业规模的计划，以便工作不需要靠他一个人完成。自由职业者也是创业者，但他们的工作全部依赖自己完成。如果你是一名摄影师，但你并不打算招聘、培训或指导什么人，让他在你退休后，以你的企业的名义继续提供服务，那么你就是一名自由职业者，而不是创业者。如果你是一家精品甜甜圈店的老板，并且打算通过提供特许经营权或者雇用一名"接班人"的方式，在你退休后继续发展你的企业，那么你就是一名创业者。

我是一个很有忠诚度的客户。自4年前我们搬到科罗拉多州，我和丈夫便一直接受同一家租车公司的服务。这家租车公司的老板埃米莉（Emily）知道我们的姓名，因为我们不论是出去旅行，还是去参加音乐会，看体育比赛，或者因为参加派对喝酒不能开车等，我们都会使用她的公司提供的租车服务。

我们刚开始接受埃米莉提供的服务时,她一直开着自己公司的车,并且还提供买车服务,亲自建立网站和安排日程。那时的埃米莉还是个自由职业者。尽管如此,埃米莉最终还是制订了业务扩展计划。她与其他租车公司合作,雇了一些员工,她本人处理汽车服务运营方面的工作,驾驶的工作就交给员工去做。

如今,埃米莉已经是一位创业者了。如果公司的业务继续增长,她会请一个人来当她的接班人,这样她就可以完全退休,依靠自己创办的企业的持续收入来生活。能够一边睡觉一边赚钱,对我来说非常诱人。除了写作、演讲、发表播客,我不会接受任何我最终无法甩手不干的工作。这3项是我喜欢的自由职业,我还会继续做下去。但我制订了一个计划来扩展我的其他业务,直到我不再需要每天按照日程安排去工作,却仍然可以获得报酬为止。

所以,你在考虑企业的长期发展时,需要考虑扩大规模的问题。你是否有这样的计划?也许你太热爱自己的工作了,总是想参与到日常工作中去。换句话讲,你想当创业者还是自由职业者?如果你的回答是"创业者",那就来看看创业这条路应该怎样走。以下这些问题可能有助于你清晰地思考:

你认为自己需要多长时间才能从你创办的企业中退休?

你想每天在这家企业里工作几个小时?而你又想将多少个小时的工作交给其他人去做?

一旦你退休了，你会聘请谁来接替你的岗位？写下具体的人或职责描述，也可以两者兼有。

在创业的过程中，有哪些里程碑式的事件让你知道，是时候考虑逐步退出日常运营了？提示：这可能与利润有关。

虽然制订一个逐步退出公司运营的计划，是规划企业和展望退休的重要组成部分，但事实证明，那一天真的到来时，你很难采取行动。对我来讲，情况确实如此。我这个"控制狂"很难把我的"孩子"托付给别人。对我来说，创办公司和抚养孩子是一样的，都要耗费大量的时间、精力、血汗和泪水。两者都很重要，都成了我生活的一部分。我认为没有人能像我一样照顾这两者中的任何一个。并不是只有我才有这种感觉，对吧？让别人代替我制作视频、策划活动、生产产品或者与客户交谈，即使只是想想，我都觉得很可怕。这就像我和迈克尔坐下来写我们的遗嘱和信托协议时的感觉。一想到别人会代替我们做孩子的父母，就觉得可怕。

然而事实是，许多有能力的、可以胜任这个工作的人能将你的公司经营得更好，甚至超过你。他们接手后，你的公司也许看起来和之前不一样了，但如果你非常出色地为公司发展奠定了坚实的基础，并且聘请了合适的人，那么你的"孩子"在他们手中会非常安全。在建立自己的公司时，早点为退休做计划是件十分有益的事。这样你就知道自己最终的目标是什么了。

这一章阐述了许多内容，在你的公司真正开始赚钱，甚至开始运营之前，你会觉得，要弄清楚以上这些内容并且对公司的发展做出长远考虑，需要做许多工作。

你是对的。确实需要做大量的工作。

这也的确十分重要。

将所有这些综合起来，有助于你制订一个指导决策的商业计划。这个计划是你事业的基础。更重要的是，你需要认真对待这种夯实基础的工作，因为你投入其中的时间，不会有人补偿给你。所以，让我们遵循这些步骤并从长远考虑，尽我们所能，使我们的事业从一开始就获得成功。

如果这还不足以让你回顾之前的步骤和本章做过的练习，那么，请允许我现在像妈妈那样叮嘱你一句："如果你跳过了这一章中的任何内容，最好是回头读一遍，并做完练习再继续前进。去吧！"

Boss Up!

第 5 章

财富跃迁第二课：
展示真实自我，
哪怕在社交媒体上

我的朋友安妮（Anni）长相漂亮、幽默风趣、积极进取、充满爱心，而且信心和魅力十足。你见到她本人时也会有这种印象，但如果你看她的社交媒体，就很难产生这种印象。

安妮是我那代人的典型代表，对我们这代人来说，社交媒体本身就是不"正常"的。事实上，她称自己为"照片分享盲"，她不知道如何适当地运用社交媒体，因为她有太多的顾虑。安妮的生意做得很好，但销售额更多地来自挨家挨户上门推销，和客户面对面。

安妮，以及其他许多跟她一样的人都害怕通过社交媒体来与他人联系，因为她们觉得不真实。她不想在没有当面联系过的人面前暴露自己。可以理解，如今太多的社交媒体让人不敢信任。但是，除非我们去改变，否则，社交媒体留给人们的虚假感还会继续下去。

现在，开始自在地分享你真实的一面，哪怕是在社交媒体上。我认为这极其重要，我将用整整一章的内容来努力说服你这么做。我们将探讨这方面的一切，包括了解客户与品牌产生的情感联结，了解你的粉丝，并且与他们分享你的动机。

要理直气壮地做自己

放飞自我的第一步是停止为自己的身份道歉。不再为成功而道歉，不再为占用时间而道歉，不再为失败而道歉，也不再为自己在世界上占有一席之地而感到抱歉。

身为女性，我们为什么养成了为所有事情道歉的习惯？

我收到过许多电子邮件，其中有一半都在信中提到为占用了我的时间表示歉意。你不必为追求自己想要的东西而致歉。

我在举行公开演讲后，总会四处走一走，和人们四目相视，谈天说地。我喜欢和我的粉丝们见面交谈。我将他们视为"上帝"，但上帝很疯狂，经常排着长队想跟我合影，或者向我提问。这时候，我既感到为难，又觉得惭愧。我常常担心浪费了那些排着队想见我的人们的时间，因为我知道，真正的自己是有瑕疵的，而且无法回答所有的问题。为了教人们做真实的自己，我通过网络、写书、发表演讲等，做了自己能做的一切。因此，他们也会希望与真实的我进行面对面的交流。和粉丝建立了这种联系，我觉得很好。

在那个长长的队伍之中，同样也挤满了为自己占用了别人的时间而满怀歉意的女性朋友。"感谢您在这里跟我交谈。很抱歉我加入了这个队伍。"她们为自己的紧张致歉，为自己的兴奋致歉。对我们女人来说，没有什么事情比说"对不起"更容易的。真见鬼，我甚至会为在飞机上使用了座椅扶手而感到歉意，就好像我没有权利，像我右边的那个人一样使用扶手似的。

她战胜了世界上最伟大的运动员，为什么还要向全世界道歉呢？

2018年的美国网球公开赛女单决赛在美国选手塞雷娜·威廉姆斯（Serena Williams）和日本选手大坂直美之间进行。塞雷娜·威廉姆斯是威廉姆斯姐妹中的妹妹，人称小威，曾夺得23个大满贯，是世界上最伟大的网球运动员之一。大坂直美是位20岁的网坛新星，多年来一直崇拜着小威。在那场比赛中，小威因为接受教练的场外指导而受到裁判处罚，引发大量争议。赛后，她的教练也承认犯规了。但在比赛进行途中，小威在球场上失去了她一贯的风度，先是将球拍砸得粉碎，后来又要求裁判道歉，还因为说裁判是"小偷"被罚去一分，在被罚分后，还收到了另外3次违规判罚和2.4万美元的罚款。

小威在球场上的行为，反映出了她不知道如何优雅地面对输球，场面十分难堪。但是，令人更加难以置信的是大坂直美在赢得这场比赛后的反应。那天小威输给大坂直美，这结果十分公平，要知道，小威这次输球，主要的原因并不是罚分而是她自己表现不佳。现场观众大多是小威的拥趸，他们遭受了沉重打击，开始在颁奖仪式期间发出嘘声。

大坂直美也很沮丧。我的内心开始为这个即将获得自己首个大满贯的年轻运动员感到不安。在大获全胜之后，她看起来却垂头丧气，拿到麦克风时竟然哭了。我猜她会说自己一直梦想着这一天的到来，回忆自己是如何刻苦训练，或者对她的教练和家人表达感谢。但是都没有。相反，大坂直美说道："我很抱歉，比赛这样结束了。谢谢你们观看这场比赛。"接着她低下了头，泪水夺眶而出。

我惊讶地张大了嘴巴。难道她是因为击败了最伟大的运动员之一而向全世界道歉？她是不是真的在说，她为自己取得了胜利而抱歉？

朋友们，不能再这样下去了。如果你觉得自己的胜利需要向谁道歉，这一定是你的错觉，这么做是不对的。不要再这样做了！只有当自己意识到自己做了某件错事，并且给别人带来了伤害时，我们才应该道歉。道歉是为了承认错误。如果可以，应该努力不让过去的错误重演。大坂直美战胜了世界上最伟大的运动员之一，并没有给任何人造成伤害。她没什么可道歉的。我们不需要为没做错的事道歉。

朋友们，听我说一句：我们不需要因为与众不同而道歉；我们不需要为自己是这个世界的一员而道歉；不用在努力追求自己想要的事物时道歉；不用在赢或输的时候道歉，因为这些事情并没有伤害到其他人。这是一个关于自信心的问题。正是由于我们不相信自己在商界或者整个世界拥有和其他人一样的权利，所以我们才为自己道歉。自信心是在商界取得成功的秘密武器。我们要理直气壮地做自己。

要足够强烈地热爱自己喜欢的东西。

要足够自信地说出你想说的话。

占好你的地盘。

高声为自己欢呼。

勇敢追求你应得的。

做你自己,不再为之道歉。

做你自己,并没有什么错。不要为自己的存在道歉。

高高昂起你的头,看向房间里所有人的额头,要活得傲气。

做到这些的时候,真我才开始闪耀,人们才愿意与你一同前行。那么,这是否意味着所有人都认同你?不会,绝对不会。但如果你能自信地展现自己的风采,那么将有许多人和你产生共鸣。

做你自己,让客户相信你,才有可能买你的产品

回想一下,你和某人建立个人关系时的情景。回想一下在这段关系中你们迸发出激情的那些时刻。我刚认识丈夫时,约会了好几次,才真正感受到我们之间擦出的火花。当时我们都刚结束了一段很长时间的恋爱,两个人当时的状态都不好。

有一天,迈克尔在午市打折的时间段(happy hour)请我去了苹果蜜蜂餐厅,一家提供地道美国餐饮的连锁餐厅。我们点了半价的开胃菜和便宜的啤酒。更重要的是,我们去见了他的一个朋友,我开始观察他如何与熟悉的人交谈。我终于看到了他善良与随和的一面,内心开始迸发出爱的火花。当迈克尔把毫不设防的自己展现在我面前时,我们的沟通变得更顺畅了。

同样的方法也适用于跟客户的交流。人们都想看到事物真实的一面。他们希望与品牌背后的人产生联结。这也是我与同事们建立信任、忠诚和人际关系的基础,这才是品牌的卖点。**品牌的卖点不是华而**

不实的产品，不是美丽花哨的图片，不是完美的生活方式，不是绚丽的发型，也不是华丽的辞藻。客户想看到真实的你。他们想确定是否可以相信你，他们相信你，就可以相信你的生意，就会买你的东西。

注意，这既适用于线下的交流，也适用于线上的交流。也许你觉得互联网是个可怕的地方。然而，如今的人们都在使用互联网，大多数人也都使用社交媒体，所以你应该好好利用它。做你自己，让人们喜欢你，即使你在现实生活中并不认识他们。我保证，在网上展示真实的你，不会使你远离生活中真正的友谊。

在谎言基础上建立的商业品牌，一定会让你失败

如果说我对兰斯·阿姆斯特朗（Lance Armstrong）作为自行车运动员的非凡职业生涯做了投资，那不是真的。但我的丈夫确实投入了很多。我们还在约会的时候，迈克尔每天都戴着阿姆斯特朗代言的亮黄色的 LIVESTRONG 手镯。他读过阿姆斯特朗的回忆录《重返艳阳下》（*It's Not About the Bike*），并且密切关注他的职业生涯。迈克尔特别钦佩阿姆斯特朗，因为他在比赛中战胜了那些恶心的血液兴奋剂使用者，并在被指控服用兴奋剂时坚定地为自己辩护。他理应如此坚定，毕竟没人会相信，一个同样使用了兴奋剂的人，敢于对指控他的人追究法律责任。他是无辜的！他从癌症中活了下来，还赢得了好多次环法自行车赛的冠军！

迈克尔和许多人一样，相信阿姆斯特朗，相信他代表的精神，并且深受鼓舞。但这是在阿姆斯特朗被发现服用了血液兴奋剂之前的

事情。阿姆斯特朗的丑闻被曝光后,迈克尔备受打击,他心中的某种信念被击碎了,他感到异常悲痛。

我们结婚以来,他曾无数次为了捍卫心目中的英雄与我争吵,现在他不得不承认,自己和许多人一样,都被愚弄了。

迈克尔觉得自己被欺骗了,而且他不是唯一被欺骗的人。直到今天,许多人仍然觉得自己是那个谎言的受害者。迈克尔给我读了一篇关于阿姆斯特朗最近去丹佛旅行的文章,在那里,当这位前骑手准备打车离开一家餐厅时,整个餐厅坐在天井里的人都对他大喊"快滚"。是的,这样大喊大叫是十分粗鲁的。但一定是阿姆斯特朗的所作所为深深地伤害了他们,才招致如此强烈的反应。

兰斯·阿姆斯特朗没有杀人。他不是杀人犯,不是强奸犯,也没有加入极端组织。他是一名在比赛中使用了兴奋剂的运动员。但他在这件事上撒了谎,这个谎言伤害了很多人,也毁掉了他的声誉和事业。这个谎言使他的粉丝觉得自己成了受害者。追随者们买他的东西,为他倡导的慈善事业捐款,支持他的事业,他却辜负了追随者们的信任。

企业发展专家斯科特·戴维斯(Scott Davis)在一篇关于兰斯·阿姆斯特朗的文章中说道:"这是一个无法修复的品牌。我的工作就是努力寻找品牌希望,而希望往往很难找到……阿姆斯特朗摧毁了品牌的价值观。"在身穿黄色领骑衫的日子里,阿姆斯特朗的品牌价值一度超过每年2 000万美元。如今这个品牌几乎一文不值,因为支撑它的信任已经荡然无存。

这是一个说明品牌不仅仅是一项服务或一系列产品的绝佳例子。客户会和你的品牌产生情感上的联结,这种联结不仅仅是使用你的产品或接受你的服务那么简单。总有一天，会有人因为你创造的品牌而崇拜你，甚至会给你编一些故事。然而这一切不是你能掌控的，因为你只能做自己。所以，不要给网友们理由让他们怀疑你。要小心翼翼地将品牌建立在真实的基础上，而不是谎言。==做你自己，让别人要么接受，要么放弃，这会容易得多。你不可能取悦所有人，也不是每个人都会喜欢真实的你。但肯定不会有人喜欢虚假的你。==

你可以把生意都建立在虚假的基础上。你可以假装拥有一切，让自己看起来像拥有完美生活的超模，那样的话，人们的确有可能追随你。他们甚至会给你写下很好的评论，比如"你是怎么做到这一切的？""我也想过这样的生活。"他们会追随你，追求他们想要的生活方式，并且会与一个虚假版本的你产生情感联结。如果你选择这条路，我建议你食指与中指交叉许愿，表明在不得不撒谎时，上天知道你说的都不是真的。你还要敲木头把霉运敲掉，祈祷一切顺利，那些破坏你制造的完美假象的事情都不发生。因为你随时都会遇到意想不到的问题，这些都有可能摧毁你建造的那座"纸牌屋"（house of cards）。

互联网是善变的，如果网友们发现自己相信了一个谎言，还知道这个谎言是你给他们灌输的，他们很快就会离开你。许多人希望你失败，因为他们会拿自己与那个完美版本的你进行比较，当他们发现自己达不到你的标准时，你的失败就会让他们自我感觉良好，而且再也不会继续追随你或者从你那里买东西。

除非你真的很幸运，或者的确是一个反社会的骗子。否则，在谎言的基础上建立的商业品牌，一定会让你失败。你真的没必要使用谎言来打造你的品牌，做好你自己就够了。你可以通过简单地做自己，谈论你的失败、失误和缺点，谈论是什么构成了你的世界，以此来构筑一个粉丝群体，以及一个能与你的受众群体产生真实联结的品牌。

当你怀疑自己时，请重新盘点自己的优势并马上运用

为什么人们不向客户展示真实的自我，来推销他们的产品呢？我和其他女性创业者们谈到这个问题时，经常听到的一种说法是，她们没有创办成功企业所需的"合适的素材"。她们说的素材是：如果我更擅长写作，我的事业就有可能蒸蒸日上；或者，只有我知道方法，我才有可能成功。

问题是很多女性都没有充分地珍视自身优势与技能。相反，我们往往更关注那些我们自身并不具备的条件。我们只是坐在那里指望自己与众不同，而不是思考如何利用我们擅长的东西来发展事业。我们浪费时间想变得更像其他人，但是不知道怎样做好自己。

在第 4 章中，我们讨论了如何发掘你的热情和你擅长的事情（技能、天赋和能力）之间的交集。这个交集就是你的优势。试着重新审视一遍那些品质，并且着重考虑怎样利用它们使你的事业发展得更好。

现在你已经找到了 5 种方法来使用你的优势，发展你当前的事业。利用天生的优势，你就不需要再做任何额外的事情了。当你怀疑自己能否成功时，可以求助这些方法。

我并不是说你不需要在这个过程中学习新的技能或者找人填补空白。在某些情况下，你可能需要同时做这两件事。但你更需要学会盘点自己的优势。一旦你知道了自己的优势，为什么不马上将它们运用

起来呢？试试下面表 5.1 的个人优势计划表。

表 5.1 个人优势计划表

优势	使用方法

我知道有些人喜欢把一切都弄清楚、安排好，并且等到他们成了企业经营方面的专家之后才会开始行动。猜猜他们什么时候才开始行动？他们永远也到不了自己认为真正可以开始行动的时候。他们从一开始就不珍视现在拥有的优势，这是在破坏自己的创业。

专注于正在做的事情，你会收获更多成功和幸福

我发现许多创业者会陷入攀比、嫉妒的深渊，这会降低他们创业的热情。我们轻信了这样的不实之言：她得到了她需要的，而我没有。跟她的事业相比，我的情况真是不值一提。

我时常看到这种情况，我发现自己也在这样做。即使我获得了所有的成功和荣誉，但依然发现自己在嫉妒别人的成就，拿自己和别人做比较。我在想：我哪里做错了？她的哪些优势是我没有的？这不公平，我也很努力工作。即便你达到了自我设定的成功标准，类似这样

消极的自我对话和自我否定也不会消失。除非你有意识地不断努力去摆脱它，否则它永远都会存在。

我们经常会有这样的想法：当另一位创业者特别是女性创业者，获得成功时，我们会觉得她的成功让我们的事业相形见绌。但这与事实相去甚远。她的成功不是你的失败。她的成功是她的，你的成功是你的。即使它们不是发生在同一天。当我开始有这种感觉时，我就会打电话给我最忠实的朋友。她会理解我的感受，然后告诉我残酷的真相，提醒我："琳赛，看来你也和大家一样。"

你有这样的朋友吗？如果没有，去找一个。如果你有勇气，请她在你需要的时候告诉你真相。但是，当她说出你不想听的真相时，你也不能生气。记住，她是在按照你的要求行事。

人们很容易把成功看成是一块有限大的馅饼。所以，当某个人得到一块成功的馅饼时，我们就会认为剩下的人分到的就更少了。如果我们一块也没得到，怎么办？我们会认为成功是稀缺品，进而感到恐慌。我们会发现，当别人拥有我们渴望的辉煌事业时，我们会因此而生气。还没等我们意识到，我们就已经陷入了自己曾经厌恶的状态。

假如成功的确是一块馅饼，那它也是一块巨大的馅饼，里面包含无数的小块，足够分给所有人。每个人都有一块馅饼在前面等着，每块馅饼的味道都因我们追求的目标不同而不同。你那一块就在那里。如果你愿意为之努力，你早晚都会得到它。没有人能从你这里夺走它。**你只需专注于正在做的事情，不用太关心其他人在做什么。**

当你带着这样的想法去创业，去经营你的事业，当你的姐妹们取得了胜利的时候，你才会由衷地为她们感到高兴。和她们一起庆祝，真诚地鼓励她们。想一想她们现在的感受，提醒自己你很快也会到达成功的彼岸。你的同事和竞争对手已经用她们的方式付出了努力，现在轮到她们获取回报了。如果你也付出努力，自然会有收获的时候。

我向你保证，这种将成功想象成足够大的馅饼的心态，会让你更加幸福和成功。每当你发现自己开始嫉妒和攀比的时候，试着想象那个无限大的馅饼，想象那块属于你自己的、最香甜的馅饼。

勇于展现真实自我，自然会收获众多"铁粉"

创业是一种心理游戏。你必须保持头脑清醒，否则永远无法享受自己的劳动成果并获得成就感。请你把下面的话刻在脑海里：

你，真实的你、你的瑕疵，你的一切，是创业成功的关键。
不是想象出来的那个你认为配得上成功的那个你。
不是假装出来比实际上更靓丽的那个你。
不是你认为必须变成那样，才能使人们追随的那个你。
不是比现在轻 25 磅并且皮肤很好的那个你。
不是能够不费吹灰之力就做好所有事情的那个你。
不是赚更多钱的那个想象中的你。
就是现在的你，真实的你！

通过展示真实的自我，来获得顾客群体和社交媒体的粉丝，是最简单的途径。人们会与这个不完美的你产生情感联结，因为你有足够的勇气将自己展现出来。他们会以你为榜样,而你也有机会真正地帮助他们,改变他们的生活。他们会购买你推销的东西,因为他们知道你会把生活中的艰难如实地展现出来,所以他们更容易相信你会对自己的产品实话实说。

另一个好处是,你不必担心互联网会曝光你的不完美,因为你已经主动承认了。你的失败和缺点并不是弱点。它们是你的基石,你可以站在上面,以它为基础建设新的东西。朋友们,这就是力量。

因此,不要陷入这样的陷阱:在创业时,因为不敢展现真实的自己,而是刻意打造出另外一个人的样子。如果你这么做,每次你与同事打交道时,都会发现自己被他们当作另外一个人,而那个人根本就不是你。虽然在社交媒体上伪装成另一种样子很容易,带来的效果也十分诱人,但我依然对这种现象感到十分伤心。做你自己,让那些真正喜欢你的人,还有那些你帮助过的人成为你的粉丝。**别把时间浪费在那些不关注你的人身上。**不论你做什么,都会同时遇到喜欢你和不喜欢你的人。

不要把你的事业建立在谎言上,要将其建立在真实的自我之上,你就会有真正的粉丝。他们会从你这里买东西,会为你提供支持,会帮助你创建一个赢利的企业。因此,勇敢一些。大胆说出来,放下你的戒备,做真实的自我。我保证,你不会后悔。

Boss Up!

第6章

财富跃迁第三课:
要敢于说出你的故事,所有的故事!

CHAPTER 6

我第一次见到我丈夫迈克尔，是在亚利桑那州立大学举行的一场橄榄球比赛上。见到他的那一刻，我就知道，我们是性格完全相反的两类人。他很安静，而我并不是十分安静。他似乎拥有一切，甚至还有自己的房子。而我当时和我妈妈住在一起，那时她就是我的老板。我努力想要忽略自己已经长大成人，却还要和妈妈住在一起的事实。说实话，那些日子真正地塑造了我的性格。当时我打了两份工，正在为尽快有能力搬出去住而努力攒钱。没错，迈克尔看起来很好，所以当他约我出去时，我答应了。很快我们就开始约会了，不过我总觉得少了点什么。那次苹果蜜蜂连锁餐厅约会之后，我还是感觉自己没有看到迈克尔最真实的一面。

　　说起约会，我并没有将自己的想法和愿望藏在心里。我让迈克尔知道："嘿，别那么紧张！能让我看看真正的你吗？这样我们才能知道继续约会有没有结果。你很性感，可是好得不真实。"这些是我的肺腑之言。他回答说，他不想让我离开。但在说这话时，他真的不像迈克尔本来的样子。他请求我给他一点时间，他会慢慢对我敞开心扉。

在我们第二次约会时,我和迈克尔聊起了一些令人尴尬的事,他很详细地给我讲了一个故事。正是这个故事,永远地改变了我对他的看法。他让我在几分钟内把自己的想法从"这样可不行,这家伙将来可能还得靠我养活!"变成了"我要嫁给这个家伙"。让我给你讲讲这本书里最精彩的故事吧!故事是这样的:迈克尔大约20岁时,他同妈妈和姐姐一起去一家墨西哥餐馆吃饭,餐馆就在他们位于亚利桑那州的住处附近。在亚利桑那州,墨西哥食物无处不在,连商业街也不例外。就在这个特别的夜晚,他们决定光顾一家街边的小餐馆。你也许已经从"墨西哥食物"及"小餐馆"这两个关键词中读懂了这句话的含义。你猜得没错,但它比你想象的要糟糕得多。

他们的那顿晚饭,是那个晚上少数几件进展顺利的事情之一。晚饭过后,迈克尔的妈妈和姐姐决定去附近的塔吉特超市逛逛。她们问他愿不愿一起去。作为一个男人,迈克尔实在不能理解塔吉特超市的魔力,所以他选择留在车里,而他的妈妈和姐姐在里面逛了好几个小时。

迈克尔拿出他的驾照,把它放在汽车的仪表盘上,把车停到了一个距离超市入口很远的停车位。你们的丈夫是不是也会把车停得那么远,真不明白,他们为什么总喜欢在商店入口附近就有很好的停车位时,却要把车停到距离入口足足有5个足球场远的地方去?我搞不懂,但很多人说男人们就是这样。

在迈克尔的母亲和姐姐走进商店大约3分钟后,他就体验到了一种熟悉的感觉,一种我们都曾体验过的感觉:肚子突然一阵剧痛,紧接着一阵痉挛,感觉就像有什么东西在大口大口地咬五脏六腑。

当你坐在离卫生间几公里远的车里时,你肯定不希望有这种感觉。当情况在3.5秒之内从一个小问题变成了紧急状况时,迈克尔知道他有两个选择:

1. 坐在车里,让接下来的事情发生。然后,在载着母亲和姐姐回家的路上,再尝试着向她们解释这一切。你能想象在那种情况下,开车回家的情景吗?
2. 从车里出来,狂奔去塔吉特超市的卫生间。

他选择了第二个方案,把屁股收紧,将两腿并拢,朝着超市跑去。他跑到塔吉特超市的洗手间门口时,汗水从他通红的脸上滴落了下来。

我不知道换成你会是什么情况。但当你真的要去洗手间,而且你的大脑除了想着洗手间之外,再也想不了任何事情时,事态就变得很严重了。你的身体知道是时候放松了,而你无力阻止将要发生的事情。

迈克尔发疯似地解开腰带和裤子,一脚踢开卫生间的隔板门。他都来不及锁门,就急忙转过身去,弯腰脱下内裤。但就在他弯腰坐下之前,他的身体做了一个动作,我戏谑地称之为"发粪涂墙"。

他惊慌失措地回头看了看,然后松了一口气,因为他注意到,他的身上是干净的,什么也没沾上。

迈克尔讲到这里时,我已经笑得喘不过气来了,我在脑补整件事情的情景。但事情并未就此结束。迈克尔告诉我,他当时意识到自己有两个选择:

1. 待在这个隔间里，试着清理一下。
2. 迅速转到相邻的隔间去继续上完厕所，并且检查一下自己身上有没有弄脏。

他实在没有勇气选择第一种做法，于是他把裤子褪到脚踝处，蹭着地面溜进了另一个隔间。就在他检查自己的衣服有没有弄脏时，超市的保洁员走了进来。

3秒钟后，迈克尔最可怕的噩梦变成了现实。他听到塔吉特保洁员抓狂的声音。"哦，我的天哪！这也太恶心了！我不会打扫的。天哪，都溅到马桶盖上了！"

此刻，迈克尔又面临两个选择：

1. 承认这是他造成的，然后道歉，并且努力改正。
2. 把责任推给别人。

就像一个真正配得上婚姻的男人那样，他走出隔间，对年轻的保洁员说道："是啊，伙计，真是恶心。那个人应该自己清理干净。"接着他拉上裤子拉链，洗了洗手，若无其事地走出了塔吉特。

迈克尔和我分享完那个真实、可怕并且令人惊讶的经历时，在那一刻，我知道我可以嫁给他了。因为他愿意揭露真实的自己。因为那个故事很糟糕，但他还是讲给我听了。他不仅讲给我听了，现在他还允许我讲给所有人听，因为他知道，讲述真实的故事，实际上可以起到更重要的作用。如果说这个故事可以让我相信婚姻，那么你的故事也可以让你推销那些深埋在你心灵深处的产品或服务，并且让你不会迷失自己。

接下来，我们来谈一谈人们是怎么把诚信待人和购买产品联系起来的。我希望你能非常清楚地知道，人们接受你提供的产品或服务是因为他们接受了真实的你。因为你坚持做自己、讲述真实的故事、提供有品质保证的产品或服务。

所有有效的营销，都使用了讲故事的形式

人类早在几个世纪前就知道，好故事是由 5 个部分组成的。这个理论最初是由古希腊哲学家和科学家亚里士多德（Aristotle）提出的，它经受住了时间的检验。纵观历史，从荷马（Homer）到莎士比亚（Shakespeare）再到 J.K. 罗琳（J.K. Rowling），伟大的故事讲述者将这 5 个简单的要素按照正确的顺序运用，创造了令人惊叹的艺术作品。

1. **背景**：故事的开头，讲述人引入一些角色和一场冲突，为接下来将要发生的事情做好铺垫。
2. **起因**：故事中的角色遇到了冲突。
3. **高潮**：角色采取行动解决冲突，悬念和情感骤然紧张起来。
4. **落幕**：你有没有注意到，一个故事的高潮通常很接近结尾？我常常想，这位作者怎么能在只剩两页的时候才开始写这

本书的结尾呢?这是因为起因和高潮构成了故事的大部分。落幕并不会那么令人兴奋,而且通常可以用比起因更少的语句来概括。它包含了导致冲突最终解决的事件。

5. **结局**:在这里,故事讲述者向观众和听众鞠躬致意。

如图 6.1 所示,好故事的组成部分看起来是这样的:

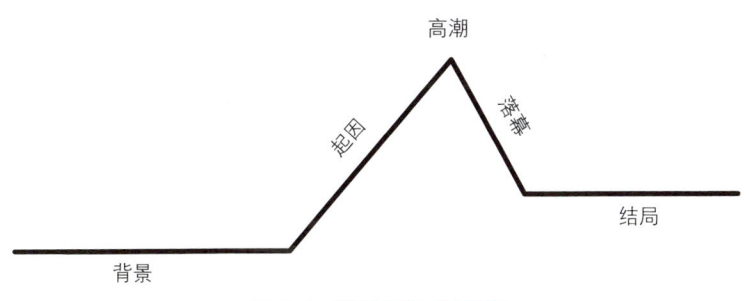

图 6.1 好故事的 5 要素

当我花时间去看一部电影,而电影在叙事过程中缺少了这 5 点要素中的某一点时,我总能分辨出来。等你走出剧院时,你会觉得故事还没有完全结束,似乎缺了点什么,或者故事并没有你想象得那么令人满意。我发现,当电影没有一个引人关注的结局,当前面所有的这些要素都堆积在那里,却没有主线能帮你将它们联系到一起时,这种不满的感觉尤为强烈。我不希望自己脑补电影的结局,我需要在电影中看到结局。

一定要记住,你的受众希望你能把故事的 5 个部分都包装在一个完美的小包裹里呈现给他们,然后告诉他们下一步该做什么。用故事向客户解释你从事的业务，这种形式很受欢迎。别怕他们知道你最终想要什么，做好这件事至关重要。

如果我在讨论讲故事的时候没有提到唐纳德·米勒（Donald Miller），那就是我的失职。米勒写过很多精彩的书，比如《可怕的亲密》(*Scary Close*)和《你的顾客需要一个好故事》(*Building a StoryBrand*)。他是我最喜欢的网络导师之一，但他并不知道我是谁。米勒致力于研究把讲故事的艺术运用于营销，同时，他还提出了"品牌剧本"（brandscript）的概念。在这一概念中，他基本认同故事由5个部分构成，但是他又补充了几个部分，旨在帮助故事中的信息能被准确传达，使受众最终不会对故事讲述者想要传达的内容感到困惑。他还告诉大家，所有有效的营销，其实都使用了讲故事的形式。

米勒的"品牌剧本"可以概括为以下几点。他认为几乎每一部好电影的故事都符合这个框架，对此，我添加了一些解释，来说明如何将其应用到你的创业之中：

1. 一个人物（你的客户）。
2. 有一个问题（想要或者需要某样东西）。
3. 遇到了一个向导（你！）。
4. 向导给了她一个计划（你的产品或服务）。
5. 召唤她采取行动（购买你的产品或服务）。
6. 帮助她避免失败（她没有购买你的产品或服务会发生什么）。
7. 最终获得成功（客户购买了你的产品或服务之后很满意）。

米勒引用了一些非常成功的系列电影，如《哈利·波特》(Harry Potter)、《星球大战》(Star Wars)、《饥饿游戏》(The Hunger Games)以及《乌龙兄弟》(Tommy Boy)，展示大多数好故事与这种模式是多么的契合。

我希望你能接受"故事是一种营销工具"的观点，不管是线上还是线下的营销。这意味着你要准备好随时写下你的故事，随时在现场讲述你的故事。当你和朋友交流的时候，尝试用不经意的方式讲故事，看看他们的反应。他们会如你预料的那样，当故事讲到某个地方便发笑吗？他们听了你讲的故事，会提出哪些问题？不一定总是要聚焦于你的产品。想办法把讲故事的方式融入你谈论的任何事情，而不是滔滔不绝地陈述事实和列举数字。

客户购买的不是产品，而是感觉、情感、人和故事

如果过去 10 年里你在网上很活跃，你应该听说过 TED[①]演讲。如果你在网上看过这样的演讲，你也许听过西蒙·斯涅克（Simon Sinek）围绕《从为什么开始》(Start with Why)一书发表的演讲"伟大的领导者如何感召每个人都行动"(How Great Leaders Inspire Action)。虽然该演讲视频的制作质量差强人意，但我第一次听到这个主题时大吃一惊。这本书被翻译成 47 种不同的语言，仅在 TED 的网站上就被浏览了近 4 000 万次。TED 演讲和这本书都解释了，为什么那些会讲故事的公司，比那些只讲他们做些什么的公司更成功。

---

① TED Talks，TED 是 technology、entertainment、design 三个单词首字母。

我们的大脑并不能完全区分故事和真实的经历。正因为如此，很多人才会沉迷于网飞（Netflix）播放的连续剧，甚至可以连续7天熬夜追自己喜欢的新剧，比如《权力的游戏》(Game of Thrones)。我们沉浸在剧中，跟着剧情兴奋不已。这些思维活动的确能在大脑扫描中被显示出来。

你知道吗？当我们听完一个充满感情的故事时，我们的大脑会释放多巴胺（dopamine），使我们感觉良好并渴望获得更多这种物质。多巴胺会让我们的记忆更加深刻。这就可以解释：我们为什么会疯狂追剧；为什么当我们沉迷于一本新书时，会一直看到凌晨4点才不得不放下；为什么无论我是在电视上或报纸上，看到可怕的东西，晚上都会做噩梦。这些故事成了我生活的一部分，并深深地嵌入了我的生活，以至于我开始把世界上或电视上发生的一切不好的事情，都与发生在我或我爱的人身上的事情联系起来了。

我们再稍稍花点时间来谈谈人类的大脑。我们的大脑有3个主要部分：理性部分、情感部分和本能部分。如果某个销售员开始滔滔不绝地讲述他们的产品能为你做什么，你的理性大脑就会介入并处理这些信息，但并不负责做出购买决定。所以，当你看到一份该产品的功能列表后，你必须调用大脑另一个完全不同的部分来作出购买决定。

让我们假设，这位销售员除了讲述事实和数字，还描述了你的问题以及解决方案，描绘了他的产品在你生活中的作用。此时，你大脑中的情感部分就会被唤醒，并且用那些信息来满足你的情感需求。进行到这一步，你离接受该产品的时刻就越来越近了。但大脑的情感部分也不负责做出购买决定。

购买的决定是由大脑的本能部分做出的。当有人以故事的形式向你描述一种景象时，就会触发你的大脑的本能部分。你开始在大脑深处想象那个故事变成了自己的真实体验。==我们听到一个故事，就会自动地把故事和自己的经历联系起来，使它更加真实。故事将我们的情感与销售的产品联系在一起。==这个过程被称为神经耦合（neural coupling）。

无论是讲故事还是听故事，只要故事引人入胜，我们的大脑都会活跃起来。如果你能观察故事讲述者和听众的大脑活动，就会发现，他们大脑的相同部分在讲或听故事时同样活跃。这是一个被称为镜像（mirroring）的过程。你可以想象，当有人告诉你一个与他们喜爱的产品相关的故事时，你也会觉得这个产品变得更加人性化了。你大脑中与他相同的区域也开始活跃起来，变得更有可能买下那件产品。

当我们的情感得到正确的刺激时，"本能"就开始接管购买过程了，而我们的情感反应在 3 秒内就发生了。我是认真的，真的这么快！《情绪经济学》（*Emotionomics*）一书的作者丹·希尔（Dan Hill）表示：3 秒钟，是我们的理性大脑处理相同信息所需时间的 1/5。不仅是情感，我们的本能反应更快，情感对刺激，比如一个故事的反应比理性反应在大脑中的作用更加明显，更有可能触发接下来的行动。

人们购买的不是产品，他们买的是感觉、情感、人和故事。客户之所以"按下购买键"，是因为直觉告诉他们：你是可以信任的。他们之所以信任你，是因为他们觉得你和他们是一样的。因此，除了向他们讲述你的故事之外，再没有更快的方法能使你和客户同步到达购买阶段了。

表现自己的不完美，和粉丝建立坦诚的关系

当你的业务开始增长时，你可能会注意到，你的客户和粉丝把你捧上了神坛。尤其是，当你的品牌的确是建立在真实、有效的基础上时，他们就会把你捧成一个值得效仿和追随的人。他们开始相信，你的生活是他们希望拥有的完美版本。他们会期待你是完美的，即使你知道完美根本不存在。

因此，你可能会害怕说实话。如果你讲述的故事暴露出你并不完美，会影响客户对你的看法吗？答案是肯定的。讲述真实的故事的确会改变客户对你的看法，会破坏人们对你的完美印象，会让他们看到你和他们一样，也面临一些问题。你可以给他们机会，去了解你们之间的相似之处，而不是不同之处。

正是不完美将我们和客户联系起来。不完美，使你的客户和粉丝将你从神坛上挪下来，让你坐在他们身边。在那里，他们能够感觉你们是平等的；在那里，他们可以如实地告诉你，他们需要些什么。当你表现出自己的不完美时，就有机会与客户建立坦诚的关系。

我的朋友梅丽莎（Melissa）是一位成功的、很了不起的创业者。但在很长一段时间里，她没有获得过大学学位的事实，阻碍了她成为坚强的女性领导者。尽管她已经得到了这个角色，但无法得到真正的认可。不过有一次，梅丽莎决定勇敢地与她的客户和粉丝分享这个令她感到不光彩的"秘密"。她在社交媒体上发布了一篇帖子，向客户和粉丝坦承因为没有接受过高等教育，她的发展缓慢。

我希望你能看到梅丽莎那篇帖子下方的众多回复。她不仅得到了

支持，还收到了很多"我也一样"的回复。

就在那一天，梅丽莎建立了一个粉丝群，一个志趣相投的粉丝群。坦诚地说出这一切，对她来说并不是一件容易的事。但她的事业并没有因此受到影响，粉丝接纳她，使她真正成了创业领域的领导者。

仔细想想，这是有道理的。问问自己：如果一个人把自己的不安全感对你坦诚相告，你会觉得和他更亲近了，还是觉得他很烦？

坦诚相告很难，因为当我们走在某个领域的前面时，真的担心人们会由于我们坦白的事实而背弃我们，但情况恰恰相反。

所以，说出心里隐藏的小秘密，告诉别人你的烦恼，表达你对生活和事业的兴奋，说出你的真实情况，谈一谈不完美的地方，让那些不能接受你的人们走开。

要敢于说出你的故事，所有的故事！

Boss Up!

第 7 章

财富跃迁第四课：
创造和发布的内容
与品牌始终一致

CHAPTER 7

正如我们在第 4 章中讨论过的那样，你的品牌不仅是标识（logo）的颜色、字体和图案。品牌包含很多内容：它是你说话的方式、你拍摄的照片、你在社交媒体上发布的帖子、你在公共场合展示自己的方式、你的信息、你的主题、你的目标人群以及你创造的各种内容。换句话讲，你的品牌就是你做的一切，是你在线上的所做和线下的所为。

好消息是，你可以围绕自己的业务打造品牌。我在第 4 章中重点讲述了品牌建设的过程，而在你为创业奠定基础时，另一个重要的部分是创造与品牌相一致的内容和信息。你越是脱离品牌，你的受众就会越困惑，而这种困惑是致命的。

确保你的信息始终一致，并且能够代表你。每一刻你都要代表自己的品牌。在品牌与客户之间建立信任的过程中，一致性至关重要。

摆脱思维桎梏，追求你想要的

我创办的第一家企业是一家精油公司。当我爱上精油这种产品的时候，我注意到它的市场大部分是由我的目标客户之外的人组成的。我希望能接触到25～40岁的年轻妈妈。但很快我就非常清楚地意识到，这些产品的标准化营销与品牌推广方式，让我的目标客户们非常反感，我的目标客户甚至不会考虑这些瓶瓶罐罐的东西。我不想为这种误解负责。我知道，如果我真想要为我的顾客服务，就要负起责任，用不同的方式去接触她们。

我在创业之初就期望能为精油打开一个更年轻的市场。这个市场中的潜在客户非常关心他们买的东西是什么样子的，尤其是他们要花一大笔钱的时候。所以，我对包装花了很多心思。我想提供一些适合年轻人的、可爱新颖的、有质感的、令人愉悦的东西。

我认为，精油不只适合45～60岁的妇女，或者是追求身心健康的素食者。在当时，大多数精油产品的营销思路几乎都是针对以上这两种人群。我想告诉潜在客户，其实任何人都可以享受自然的生活方式。在接触顾客的过程中，我希望能为那些还没使用过天然无害的产品的人们创造一个家，一个没有充斥着铺天盖地的广告信息的家。

当时，我在格兰诺拉麦片（crunchy granola）和福来鸡（Chick-fil-A）兼职，我知道许多女性和我一样。所以，我确定我的目标市场和团队成员将主要由那些喜欢并使用精油的人们组成。同时她们的时间是自由的，如果她们的孩子需要陪伴，那她们完全可以停下工作带着孩子们去吃一顿开心的儿童套餐。我希望我的品牌能做到这一点。我希望它能表达："使用精油的人一点也不怪异。"

当我明白我想接触的人是谁后，我必须马上优化市场营销，编写产品介绍，明确客户服务的内容，并开始服务我的受众。了解了受众，搞清楚他们更看重品牌的哪些方面，我的创业就完全不同了。虽然我无法控制所有事情，但我能够通过改变自己能控制的东西与客户建立情感联结。

这很难吗？是的。花了很多时间吗？是的。我是不是必须投入我的时间和金钱？没错。我要花很多时间，面临许多问题，遇到很多挫折。此外，我还必须从银行卡里拿出很多钱，投入到这次创业上。

它管用吗？绝对管用。

我继续尽最大努力填补市场空白，满足我所服务的人们的需求，使他们能够更快、更容易地满意。接下来，我的首要任务就是：找到解决问题的方法，而不是依靠别人。我相信我有能力带领我和我的团队走向成功。做好了这些之后，其他的事情就可以顺其自然了。你也可以这样做。保持原创性，摆脱思维桎梏，追求你想要的。就这么坚持不懈地努力下去吧！

你不必将所有的客户都当做上帝

我看到许多试图推销产品的女性在她们的社交媒体上发布产品信息，不管这些信息是谁制作的、谁编辑的、什么表现形式，被迫看到这些信息的潜在顾客会觉得很无奈，同时感到缺乏真诚。利用从整个互联网世界中搜索到的信息来对潜在客户的大脑狂轰滥炸，意味着给他们发送的信号就是"我就是在寻求销量"，而不是"我在分享信息以帮助人们"。

我不会分享任何与我的品牌不匹配的营销信息。如果我把看到的一切都分享出来，我的潜在客户会感到困惑。对我来说，在沟通方式和品牌形象上保持一致和清晰是很重要的。我绝不希望人们以为我只关心产品的销量。

每次发布你要销售的产品或服务的信息时，一定要考虑你的目标市场。我的事业始于图片分享软件（Instagram）上一个帮助妈妈们的帖子，从此我的创业方向从未改变。别太关心其他人在做什么，要坚定地用心观察你的潜在客户是怎样看待你的品牌的。

如果你想要开拓一个新市场，那么专注于目标市场，并始终保持如一的方法就特别重要。==你发布的营销信息不能包罗万象，而是要找到一个利基市场，满足特定人群的需求，这才是明智的做法。成为目标市场的专家，你将拥有巨大的优势。==

我经常看到人们漫无目的地贴出和谈论他们销售的东西，让我觉得他们是想在每个池塘里都随机地放上一根钓鱼竿，看看能不能钓到些什么东西。假如客户意识到你不够专业，他们就会避开。我们的业务不可能成功地满足所有人的需求，当我们尝试这样做的时候，反而会疏远我们想要接触的客户。

我和朋友伊丽莎白（Elizabeth）在很多方面都很像。她常常还没等我说出来，就知道我在想什么。我们彼此分享很多东西：喜欢的颜色、好听的音乐、美食以及网络上可爱动物的视频。我们经常在一起回忆做过的愚蠢事情，并为之开怀大笑。在过去的4年里，我们一直是同事。我们唯一的不同就是：伊丽莎白一直没有孩子，而这恰好是我生活中最重要的一部分。她不打算要孩子，这个决定很适合她。伊丽莎白不是我的目标顾客，我不打算为没有孩子的人提供产品。所以，伊丽莎白对我来说是个局外人。虽然她也会买我的产品，但我不会专门向她推销。

我为妈妈们服务，讲述很多我自己的育儿经历，但这并不意味着我会屏蔽像伊丽莎白这样的局外人。去年我对粉丝做了一次调查，发现他们中有30%的人没孩子。这是不是意味着我放弃了"妈妈市场"？不是。这只是证明了即使我们的营销始终专注于我们的目标市场，我们的品牌也能够影响目标市场以外的人。能够得到局外人的青睐固然很好，但要始终如一地优先你的目标顾客。留下你潜在的目标客户，不必太在乎其他人。

你在社交媒体上不能只为产品做广告

保持品牌风格始终如一，能够确保你的品牌不仅仅等同于产品或服务。在你招聘到出色的员工或企业开始创造数百万美元的利润之前，以个人的形象直接与潜在客户建立情感联结是非常重要的。这意味着你必须尽全力投入到与潜在客户在社交媒体上的交流中去。

我知道这个建议听上去似乎有点不靠谱。你会想：琳赛，如果我想让人们知道我有产品要卖，难道不应该时时刻刻谈论它吗？我也希望事情就这么简单，只要一提到我们要卖的东西，人们就会争先恐后地预订或购买。但是，事实不是这样的。

对于一家拥有良好声誉，并且品牌认知度超高的公司来说，总是谈论自己的产品没有任何问题。但如果一家小企业也做同样的事情，那就完全是另一回事了。我们必须给潜在客户一些时间来了解公司和产品，给他们时间来喜欢我们、信任我们、确定我们的产品或服务能满足他们的需求。不得不承认，与可口可乐(Coke)、星巴克(Starbucks)等超大公司相比，我们利用社交媒体做生意将更加困难。

我坚信，作为一名小企业的创业者，你在社交媒体上不能只为产品做广告。为了达到最好的效果，你必须让客户了解你和你的产品，让客户更贴近你，让你的产品更容易进入销售市场。

我在建立自己的公司时，发现了一个很有效的组合，那就是：==每发布一个关于产品和我所做的事情的帖子，同时要在社交媒体上发布4个关于其他事情的帖子。这4个帖子可以是与行业相关的信息、小提示和技巧，也可以是我对个人生活的领悟、幕后花絮、有趣的事，或者是有娱乐性、教育性的延伸阅读。==但这些内容不能对我的销售工作产生不良影响。

我们的客户很聪明。他们知道如何屏蔽与自己无关的内容。当客户不得不在社交媒体上看同样的帖子以几百种不同的方式一遍又一遍出现时，他们就会调整自己，直接略过我们发送的内容。

朋友们，我们的大脑能在一秒钟内，进行至少几百万次的计算。往往还没等我们意识到，大脑就做出了决定，忽略那些无趣的、无用的、不会使我们兴奋的内容。做出这样的选择太容易了，因为我们是拥有超级大脑的神奇生物。

考虑到这一现实，你的工作就是让客户保持警觉。在他们心中创造一种愿望，以确保他们不会错过你的任何信息。一定要在自己推销的产品或服务上花足够的时间，把内容综合起来。当然，也要谈论你的产品，但要按照上面的比例来做。让潜在客户喜欢上你，他们就会爱上你喜欢的东西,也就是你的产品或服务。如果他们觉得他们了解你,就会想和你合作,这样的话,你就不必向他们推销了。他们会主动去了解你,跟朋友们介绍你、谈论你。回头客,就是这么产生的。

花时间创作你自己的原创内容

我经常看到这样的情况:一位摄影师或画家做出了具有创新性的作品或事件,随后其他的摄影师和画家都迅速开始模仿。当这类作品或事件在社交媒体上被疯狂传播时,消费者唯一能摆脱这种狂热的办法就是忽略那些帖子或者取消关注。

我们都能从自己的社交媒体上找到很多这样的例子,这都是那些通过网络营销来销售产品的人引发的跟风行为。通常等我快速翻过去一个以前见过的帖子之后,我又能紧接着发现其他数十个推荐同一件产品的帖子。复制、粘贴和分享,当然比原创内容更简单,而且很容易成为你的习惯。

但是即使跟风质量再高,使用别人的东西也不能帮助你在竞争中脱颖而出,你的客户也不会因此停下来关注这些内容。如果你没有花时间去创造自己的原创内容,你的声音就会消散。而你的粉丝恰恰想要听到你独特的声音。

我们来思索一下,如果客户看到多个社交媒体上的帖子被简单地复制和粘贴,或者你的竞争对手也发表和你相同的帖子,他们会有什么感觉?

第 1 种反应:"我觉得你只是想卖东西给我。"

当我看到同样的内容从不同的人那里冒出来的时候,我的第一感觉就是:"你只是想卖东西给我。"我开始怀疑这个帖子到底是想帮我、吸引我,还是只为了赚走我的钱。我想你的客户也深有同感。

人们选择购买你的产品,是因为他们相信你能将他们的需求与你能提供的产品或服务联系起来。他们相信你的产品或服务会像你说的那样为他们解决问题。他们希望你不是只把他们当成收入来源。但是,当他们看到一大群人都在发布同样的东西,尤其是那些东西又不是你写的,他们会很自然地认为你只是在卖东西。理所当然地,当某件产品或者服务需要以这种方式来卖时,它的质量可能不会很可靠。于是,客户的信任就会开始下降。

第 2 种反应:"我听不到你的声音!"

当人们习惯了在社交媒体上看到你的帖子,或者观看你的视频故事,他们就会习惯你的语气和你的沟通方式。因此他们更有可能阅读你的帖子,通过你写的帖子来"听"你说话。但是,当你复制、粘贴别人的文章时,你与客户之间的这种联结就消失了。

让你的网上客户了解你说话的方式、措辞和口头禅。在撰写原创内容时,想象目标客户就坐在你面前,平静地听你说话。用你惯用的说话方式,写给你想象中的这个人,这一点非常重要。

如果你出生在 1985 年前,是在短信和社交媒体发明之前长大的,或者你曾经有一个非常敬业的或非常固执己见的老师，那么在网上写文章对你来说可能是个挑战。我经常看到，有人在社交媒体上写的东西就像是一封非常正式的书信，而不是自然地交流。

在学校里老师也许不会教你怎样像说话一样写作，但这在社交媒体上是一种大家都能接受的交流方式。俚语和缩略语都可以用。缩写也是很棒的表达方式。如果能使用短句子和表情符号，就更好了。最重要的一点是：要保持文风的一致性和可识别性，并让文风与品牌相匹配。因为你说话和写作的方式，也是你这个品牌的一部分。

财智悟语

有一个很好的方法，可以用来练习文字表达技巧。你需要纸笔和一部手机，还有一个无话不谈的知心好友。

首先从下面的问题中选择一个最容易回答的，然后把答案写出来，就好像你要把它发在社交媒体上一样。这大概需要2分钟。

问题1：你希望你能经常做什么？

问题2：如果你的生命将在今天结束，你后悔的事情是什么？

问题3：你最希望养成或改正什么习惯？

现在，把你的答案搁在一旁，拿起手机，叫来你的朋友。当然，如果你的朋友没有和你在一起，可以通过视频聊天软件来联系他。

让你的朋友拿着手机，而你则打开语音备忘录，然后对着手机大声地回答上面同样的问题，把你说的录下来。看着你的朋友，正常地和他说话。

录音结束后，把语音备忘录中的内容转录到另一张纸上，这样你就可以看到你到底用了哪些词语，以及你是如何用语言交流信息的。接下来比较你的两个答案。它们有什么相似之处？有什么不同之处？你怎样才能让自己写出来的内容更像是在说话，让读者在阅读你的文字时感觉能够"听到你的声音"。如有必要，你可以直接把你要说的话录制成文字，慢慢练习，直到你能够写出这样的内容。

第 3 种反应："我以前看到过这个。"

如果你转发别人的图片，读者会记住你的行为，你的可信度也将降低。因为他们会知道，你发布的内容并不都是原创的。花点时间为自己订购一个专属的照片库，或者学习如何为你的产品和生活拍摄一些有关注度的照片，然后再发送给客户看。好照片将强烈地吸引人们花时间去读你写的东西，前提是，它们必须是原创的。

第 4 种反应："故事哪去了？"

当你分享别人的帖子，而不是自己的原创帖子时，人们可能就会忽略你分享的内容，错过你分享的故事，而你需要的恰好是用故事将客户和你联系起来。记住，我们是通过故事联系在一起的。事实和数据很难让人们做出购买决定，客户需要的是你的故事和经验，他们需要的是你。

最后，对于上述这 4 种客户可能会有的反应，有一个简单的补救方法。那就是：花时间创作你自己的原创内容。

从别人提供的信息中获得灵感。让他们的点子帮助你创造出自己的点子。但你要有自己的素材，这样你发出的声音、你代表的品牌和你表达的观点，才能使客户受益。

你发在社交媒体上的帖子应当是你工作的重要部分。你应当花时间来创作，使之独一无二，并代表你的品牌。不要想着怎么容易就怎么做，抄近路、走捷径只会让你一事无成。

Boss Up!

第 8 章

财富跃迁第五课:
善用"反销售策略",
深挖客户需求

CHAPTER 8

许多人都有这样一种印象：要成为一名优秀的销售员，必须了解如何引导客户购买产品。我的朋友曾经向我推销一种产品，但她所说的内容就像天书，我完全听不懂，这成了我经历过的最尴尬的对话之一。我问她为什么说话这么奇怪，她说她参加了一次销售培训，培训师要求他们按照促销话术和潜在客户交谈，而不是用普通的交谈方式。"这样会更容易达成销售"，然后她就一直重复从培训中学到的方法。

尽管我无法想象什么人能接受这样的话术，它对某些人来说确实管用。但我一点都不想买她的产品，因为她几乎没有花任何时间和精力来赢得我的信任。那一刻我就知道，有一天我会把这件事写进我的书里！销售的确是一种技能，也确实是你工作的一部分，但你不要完全不顾一切，变成特定类型的"销售机器人"。

销售是一门可以学习的技能。说服客户购买你的产品或接受你的服务，既有正确的方法，也有错误的方法。正确的方法并不一定有效。许多人都认为，成为一名优秀的销售员，就意味着促使客户购买。但我认为最有效的方法恰恰相反。

我选择什么方法呢？我称之为"反销售策略"（unsales tactic）。采用这种策略，你就要摒弃那些传统的卖货方式，要开始留意顾客最关心什么，即便他这次没有购买你推荐的产品。"反销售策略"就是要发掘客户的需求，了解可能影响他们购买的因素，建立信任，让你的销售工作从竞争中脱颖而出。

颠覆了你的认知，对吧？下面就让我介绍一下它是怎么回事。

懂套路≠懂顾客

学习"反销售策略"的第一步是：研究客户的需求。

想一想教育和健康，每个人都知道这两者对他们有好处。他们只需弄清楚，两者在他们当前的生活中状态如何，以及这种产品或服务将如何改变他们的健康和教育。第一步是通过询问来确定客户的需求，通过沟通了解他们需要解决的问题。对客户来说，这些产品或服务一定是有价值的，所以，你的第一项工作就是要找出这些信息，这样才能有效地展示它们的价值。

例如，我们知道正常人每天需要喝 1.5 升水。如果我卖的是一款应用软件，它可以帮助主人追踪观察他们应当喝多少水，并且很好地提醒他们，那么，首先我就要通过提问来初步了解客户的需求。

其次，是要对他们的感受表示理解，也就是表达同理心。我会说："我知道，我们都需要多喝水，但这真的是最无聊、最没意思的事情，对吧？我常常都不记得自己是不是吃过早餐，更不用说喝水了。"接下来，你要抓住时机，及时地插入一个自己亲身经历的跟他们有同感的小故事。然后，我会谈谈这款应用软件与众不同的原因。它与其他应用软件的不同之处以及它将如何为用户的生活增添价值。"我手机上有一个应用软件，它会时不时地提醒我喝一杯水，每天都会更新提醒。这些提示非常有趣，你还可以在自己喝水或者和其他人一起喝水的时候玩游戏。这款应用软件让喝水变成了一件真正有趣的事，也很容易记住。"

最后，我呼吁大家行动起来："试试吧。这款应用软件让我觉得喝水非常有趣，并且帮我养成了一个新的好习惯。以下是它的链接。"

涉及你的产品或服务时，你必须把客户的需求和你能提供的好处联系起来。不要用事实和数字轰炸他们，不要对他们过度承诺。如果你真正了解客户的需求，就把时间花在如何满足这些需求上吧。

当迈克尔早上给我端来咖啡，劝我起床的时候，我通常都在打电话或者浏览我与粉丝的互动内容。才怪！这些都是骗你的，通常早上8点之前，我会呈现最糟糕的状态。咖啡能让我恢复正常，所以迈克尔给我泡咖啡，纯粹是为了自我保护，同时又能表现得像个好丈夫。我要看看客户在说什么，我要了解他们的评论，要注意他们的语气，并思考今天要为他们做些什么。我能做些什么其他公司现在做不到的事情？我该怎样让他们对我产生好感？

老实讲，这种有意识地关注客户与受众的工作需要勤奋和专注。但是，了解他们现有的和不断发展的需求，并且找出满足这些需求的最佳方法，确实太重要了。而且我还发现，新产品的创意，通常也来自这些交流。

找到客户需求的另一种方式是：发现客户痛点。我们谈论的痛点，不是指癌症晚期或者自发性的截肢。我们讨论的是那些可能促使客户寻求安慰的小小的失望和不舒服。有些痛点是生理上的，而有些则是我们都会遇到的不便之处。马克·苏斯特尔（Mark Suster）在《公司》（*Inc.*）杂志上写道：

> 痛点能够提醒你，除非你的潜在客户有了解决某个问题的需要，否则他们不会购买你的产品。客户有时候会不由自主地买东西，而不考虑他们真正需要什么。但通常情况下，即使买家并没有表现出来，购买也是有其内在原因的。

让我们假设你也像我每天早上做的那样，要花很多时间在社交媒体上观察客户。你已经了解了客户的感受和情况，确定了客户的痛点。那么，你怎样把他的痛点和你要提供的内容联系起来呢？

首先从什么都不做开始：不要什么事情都围绕着你自己。

我在社交媒体上看到过很多这样的例子。讲述你的故事固然很好，但它并没有人们想象的那么有效，仅仅说"我喜欢这种产品"不一定吸引人。你发布在社交媒体上关于产品的内容必须有意义，每个人的目标都应当通过共同的需求或痛点进行联系。如果能够做到让你的痛点与他们的痛点一致，你就会赢得他们。如果你在推销某样东西，你所说的内容就不能全都是关于自己的，你所说的必须与你的客户有关。记住，千万不要说得太多，听得太少，比如"我非常喜欢这本新食谱"。这对你的潜在客户意味着什么？痛点在哪里？你只是浪费了与客户产生联结的机会！

我在浏览网页时经常看到这样的帖子"瞧我多努力工作，我也需要这件产品"。这类帖子表面上似乎是在讲故事和分享，但实际上只是我们假装很努力地推广产品。这种讲故事和分享是假的，客户不喜欢虚假的东西。关于食谱的那个例子，我们是否应该这样说：

伙计们，我已经挣扎了好几年了，并且从社交媒体中，我知道和我一样挣扎的人并不在少数。为什么变胖如此容易，而减肥却如此令人筋疲力尽？还有谁和我有同感？

随着年纪的增长，我发现减肥和保持健康都越来越难。说实话，很多时候我真的很讨厌照镜子，现在我会尽可能地躲开镜子。我也不愿意和孩子们一起去游泳池。对于那些可能注意到我的体重变化的人们，我也会避之唯恐不及。

与此同时，我发现自己时时刻刻都在想着要吃点什么，我知道这种习惯真的不好。我十分困惑和沮丧，这正是保健行业想要的。我越是困惑，就越有可能去买他们想卖给我的东西。

所以，我决定试一试这本新的食谱，看看始终如一的健康饮食能带来什么。到目前为止，我很喜欢我试着做过的这些菜，既不贵，制作也不复杂。不用计算卡路里和碳水化合物，也不用记录摄入和代谢的分数。我只想吃得简单，吃得美味，而这正是我在这本食谱中能找到的。我希望你能和我一同试一试，看看这对你的健康有什么帮助。我的脸书群组对你开放，你可以加入成为我的粉丝。本周我们也许还要进行一些锻炼！

写这样的帖子会花费你更多的时间吗？是的。

帖子的内容是否也触及了你和客户的痛点？没错。

这个帖子主要是为了打动潜在客户而不是我自己，对吗？是的。不过，这里的内容有点微妙。我的确是在谈论我自己和我的问题，但我的目的是要将其与客户的感受联系起来。

这之间的区别其实是很明显的。上面的例子就是一种循环模式。这是一种用推销来促成成交的策略，你要做的就是重复同样的动作，寄希望于通过你的讲解，顾客能做你想让他们做的事，买你想让他们买的东西，在这个过程中你需要做的就是听听顾客的反馈，并针对反馈做出解释。

花点时间琢磨一下我上面写的内容吧，不要囫囵吞枣。当你的客户向你询问关于产品或服务的问题时，最好的方法是抛开你的主观意图，去和他们交谈。毕竟，在他们冲动地买下你正在卖的东西之前，想知道更多是很正常的。因此，你与他们的交流越多，就越能了解他们的需求以及怎样满足这些需求。

你可能需要稍微引导一下对话，以了解客户的需求。有些人可能会说一些中性的话，比如"多跟我讲讲这个"或者"我也需要这个"。你可以从对话中找出机会点：

1. 通过交流找出他们最初和你谈话的原因。
2. 让他们知道你在做什么。一定要简洁地告诉他们你的产品或服务的独特之处。比如："瞧，我正在创建一个女性社群，我们像当今许多追求健康生活的女性一样，除了分享健康心得和经历过的挫折，还组织有趣的户外活动。我们跟网上的一些社群不一样，这是一个不允许对其他人妄加评判的群体。"一定要抑制住喋喋不休的冲动，尤其是不要长篇大论地写出来。人们并不喜欢看太多的事实、数据或大量的文字。

3. 问一些你真正感兴趣的开放性问题，因为这关系到你的潜在客户和你销售的产品。要善于向别人提一些好的问题以便了解他们。我个人觉得，书面交流的做法要比当面交谈更容易。但不管怎样，不论是哪一种交流技能，都是可以通过培养和练习来提升的。让你的粉丝给你讲讲他们的故事，多和他们沟通，让他们知道你懂他们。在上面关于社群建设的例子中，为你的粉丝创造一个支持他们的地方，向他们销售他们需要的产品。

4. 如果可以的话，让他们知道他们不是第一个遇到这类问题的客户，让他们认识到有这类问题很正常。如果他们感到自己的问题难以启齿，那么知道这一点尤其重要。

5. 如果可以的话，你可以用下面这番话，帮助你将潜在客户转变成最后的买家，比如"知道我发现了什么吗……""我发现妈妈们都喜欢待在家里，独自承受当妈妈带来的压力和麻烦。你也想做健康的饭菜给家人吃，却没有那么多时间，所以只能买些方便易得的食品。对我来说，情况也如此。正因为这样，这个社群的人们才需要相互帮助，至少能让这个过程少一点痛苦，多一点陪伴。你明白我的意思吗？"

6. 将产品直接与他们的问题联系起来。你要根据你和他们的互动来判断该怎么做。让他们说话，和他们开玩笑，或者站在他们的立场说话，只要这些做法合适，都是可以的。做好你自己，确保你向他们展示的产品或服务能够满足他们的需求。

记住，即使是在社交媒体上，也不要急于说服你的客户。鼓励他们和你交流，但要让自己长话短说。你的客户希望你理解他们的痛苦和需求。如果他们不知道该对你的产品提出什么问题，你就得想办法提出好的问题来帮助他们。我保证，这是有好处的。

人们购买产品或服务都需要有合适的购买时机，就好像人们需要一个理由去按下"购买键"一样。一旦你的客户向你敞开胸襟，展示他们的痛点，你就可以很好地帮助他们解决问题了。

同理心可能让你赢得潜在客户更多的忠诚和信任

几年前，我和迈克尔带着女儿们去米米咖啡馆吃东西。我们对面坐着一位40多岁的女性，我猜想坐在她身旁的应该是她的丈夫。他们来这家餐馆似乎有很重要的事情。两人在那里没有太多的交谈，我能感觉到他们之间关系紧张。

我们的另一侧也坐着一家人，他们带着一个蹒跚学步的孩子，非常可爱。吃到一半的时候，那个孩子钻到了桌子底下，在站起来的时候，我们清晰地听到孩子的头碰到了桌子的声音。

紧接着是整整10秒钟的沉默,接下来就是每个家长都能预料到,孩子仿佛要将全宇宙所有的能量都聚集起来,然后发出了撕心裂肺的哭声。如果有人组织一场比比谁的声音最大最尖的运动会,这个孩子一定会夺得冠军。这是理所当然的,要知道,她撞到那张桌子的力量,不亚于美式橄榄球联盟的后卫在比赛中使出的力量。

哭声响起不到4秒钟,我们对面的那个女人大声叫了起来,整个餐厅的人都听到了。"嘿,这位母亲,你能让那孩子闭嘴吗?"

"噢,不,她做不到。"我在心里说这句话的时候,已经开始热血沸腾,准备加入这场战争了。

是的,她做不到。

我猛地转头看向邻桌的女人,准备说点什么。我眼角的余光清楚地看到坐在角落里的一位女士也开始用勺子指着这个女人,像是在对我说:"做得对,是该有人站出来说说她!"

餐厅里我能看到的每个人都注视着那个哭叫的孩子和那位大喊大叫的女人。我不知道接下来会发生什么,但我替那位母亲感到愤怒。我们都知道有个孩子在一旁尖叫是什么感觉,也知道我们对这种状况根本无能为力。

我回头看了看身边的迈克尔,发现他正同情地看着那个刚刚大发责难的女人。他为她感到难过?为什么?她才是应该被指责的。

我还没反应过来,那个女人就哭了起来。她捂着脸,从桌边站起来,朝餐厅的前门跑去。你知道她丈夫做了什么吗?他表现得若无其事,继续吃他的晚餐,甚至让服务员再给他倒一杯饮料。迈克尔和我坐在那里,感到一头雾水。你能想象吗?那位丈夫甚至没有抬头确认他的妻子是否已经离开了那家餐厅。

当那个小女孩慢慢停止了啼哭，我们也吃完了饭时，我这才意识到，我本该给那个尖叫的女人多一点同情。迈克尔马上就意识到了，事情有些不太对劲。我们不知道她经历了什么，也许她和丈夫正在闹离婚，也许他们在应对一场悲剧。我不能确定，但一定是出了什么事，我确实应该对她表示同情。事后看来，那个女人可能是已经承受了很大的压力，才会做出那样的反应。如果那个大叫的人是我，我多希望有人能对我的处境表达同情啊！

人们很容易在没有了解所有细节的情况下就迅速对局面做出判断。我觉得，我们在任何情况下都应该尽可能多地给予周围的人更多的理解和宽容。这就是同理心。《韦氏大词典》（*Merriam-Webster Collegiate Dictionary*）第 11 版是这么定义同理心的：

> 理解、知悉、敏锐地感觉以及间接地体验另一个人过去或现在的感觉、想法和体验，而不是以客观、明确的方式充分交流这些感觉、想法和体验。

不过，我必须承认，对我来说，同理心是一种后天习得的技能。我不是带着同理心来到这个世界的，我的态度强硬、行事果断，并且不找借口来推卸责任。说实话，我在成长的过程中也没有太多的同理心。学会富有同理心，对我来说是一场艰难而又重要的战斗，我要感谢我的丈夫和布琳·布朗（Brene Brown），他们帮助我在这方面取得了进步。

我现在所在的教会在表达同理心方面做得很好。我们对待他人的基本原则之一是"我也是"的理念。

在这个教会，很多人会对别人说："我们懂你，你不是教堂里唯一一个在挣扎的人。"因为你在那里不必假装完美。我可以想象，对于教会领导者来说，不必为教会中的信徒们扮演完美牧师的角色，感觉自然也会很好。

这个例子很好地说明了你需要将同理心作为推销策略的一部分。你应该想办法让你接触的人们知道，你了解他们的情况并且关心他们。你没有把他们告诉你的痛点当成销售工具，而是停下来花时间去了解他们的感受。

对人们的处境富有同理心，也有助于你了解在公司中应该如何采取正确的行动。如果你足够敏锐，就会感觉到他们是不是已经准备好对你和你的产品或服务说"好"。你能清楚地知道他们在这个时候到底是买不起这件产品，还是只是用"买不起"来作为借口。如果他们确实需要某样东西但买不起，也许你可以为他们制定促销计划，让他们能够买得起。你甚至可以接受，现在也许不是他们购买的合适时机。以我的经验来看，这种对金钱问题的细微而富有同理心的反应，对建立信任大有裨益，这绝对是正确的做法。

当然，自动放弃一笔交易可能让人觉得不可思议。但你要相信，如果你在谈生意的时候把客户的需求看得比你自己的需求更重要，他们会记住的，假如你的产品或服务有价值的话，他们会回来买的。

你能想象吗？假如你的身边有一位朋友加老板式的合作伙伴，让你觉得你不是一个人在承受痛苦，他支持、理解你，那会是一种什么感觉？难道你不愿意跟他在一起吗？这么做，不是更能激发出你对他的忠诚度吗？不是更容易让你成为他的朋友吗？

现在想象一下，培养诚实的同理心对你的生意有什么好处。要养成仔细观察、认真倾听的习惯，并且想方设法搞清楚你的客户来自哪里、他们的障碍是什么、是什么让他们感到不安。不要催促那些刚刚告诉你痛点的人。了解这些，并且做一些让他们觉得舒服的事情，然后你就可以知道你的产品或服务是否能帮助他们克服这种痛苦了。

培养同理心，将有助于你的每一段人际关系和互动。理解和真诚地感受他人是没有坏处的。这会使你变得更优秀，也有可能从潜在客户那里赢得更多的忠诚与信任。

如何表达对客户的同理心？根据布琳·布朗的说法：表达同理心是没有话术的。表达同理心的方式没有对错之分。你只需要简单地倾听，给人留出适当空间，抑制评判他人的冲动，和他人在情感上产生联结，并且传递"我和你一样"这个令人难以置信的治愈信息。

积极的倾听技巧如何提高你的销量？

除了培养同理心之外，想要进一步了解客户，另一个步骤是学习积极倾听的艺术。好在，就像同理心一样，积极倾听同样也是一种你可以学习并且在实践中应用的技能。

积极倾听有助于你处理人际关系，也会帮助你经营公司。我不愿承认，但很多时候，当我应该倾听的时候，实际上却已经在脑海中下了定论。你有没有发现自己也在做同样的事情？我觉得我并不是一个孤例，我相信大多数人之所以倾听，是为了回应对方而不是理解对方。

有没有人能让你在结束会面后，感觉特别愉悦？你和他们谈过话之后，发现他们让你觉得自己是房间里最重要的人。想象一下，如果这种感觉与你的品牌有关，会是怎样的情形。我认为，那些让我产生了这种感觉的人，比如我的阿姨玛丽和我的朋友罗斯，他们都是最好的积极倾听者。他们的倾听技能无人可比，我和他们在一起的时候，觉得我对他们很重要。因此，我愿意试着为我在工作和生活中接触到的人们做同样的事情。

我听人类行为专家瓦妮莎·范·爱德华兹（Vanessa Van Edwards）谈过她的一次经历，当时她去参加一个活动，她在出发前发誓要在活动中保持沉默，以此练习成为更优秀的倾听者。她举着一个牌子，解释她想做什么，然后在剩下的时间里只用肢体语言和人们互动。她说，那天晚上她一言不发，但人们对她说了很多话，这让她感到十分惊讶。

这是一个很好的练习，但在我们的日常交流中也许并不实用。还有一些实用的方法可以帮助你磨砺倾听技能。以下仅举几例：

转过身来面对和你说话的人。让她知道你的全部注意力都在她身上，把所有的通信设备，以及书籍、报纸、杂志等都放在一边，进行眼神交流，但不要一直盯着对方的眼睛看，让她知道她的时间对你来说十分重要，也让她感受到你想听她说话。

我这里要讲到，交谈的时候"放下手机"，我相信大多数人都希望自己能够跳过这个小节，因为我们都在交谈时"机不离手"，"放下手机"意味着当有人需要你集中注意力时，你应该收起手机。别把它拿在手里，也别把它放在桌子上，即使是翻过来放也不行。既不要看，也不要去拨弄手机。只要你拿着手机，就向别人传递了一个信号：尽管你正和他们在一起，但他们并不像你手机上的信息那么重要。==如果你想让别人觉得你在听他们说话，就一定要将手机放在你的包里或者口袋里，总之，放在别人看不见的地方。==

对谈话者给予真正的关注。再说一遍，你不必像机器人那样毫无表情地盯着别人的眼睛，我敢肯定这样会把人吓跑。要放松但专注。

这个步骤最重要的部分是持续关注。这对我来说是个挑战。通常从交谈的第 3 句话开始，我就会在脑海中思考故事的结局，并开始脑补我的回答。我正在试着改掉这个习惯，注意人们使用的措辞并且在大脑中思索这些词语，这对于理解他们非常重要。

在这一步，你可能不得不从心理上屏蔽外界的干扰，哭闹的婴儿、门前的自卸卡车、办公室里不断传来的哔哔声、孩子们的尖叫声等，它们都在试图引起你的注意。你必须有意识地忽略这些声音，使自己融入谈话之中。如有必要，可以把你的声音记录下来，然后尽你最大的努力将注意力拉回到和你说话的人身上。

倾听，不要急于下结论。某些性格类型的人会比其他人更纠结于此。我在这里说的是性格外向、滔滔不绝的人。这样的人并不在少数，我自己也是其中之一。如果你是那种急着说"我知道接下来会发生什么"并且迫不及待地想要故事结束的人，觉得这么做就可以直奔主题，我理解你，但我们错了。

耐心对倾听的艺术至关重要。对于像我这样只重视信息量而不重视细节的人来说，这可能很难，但也可以做到，并且这么做才是对的。我们必须让人们用他们自己的方式与我们交流，并且抑制我们急于下结论的冲动。这将帮助我们更深层次地了解我们的客户、朋友和家人。

设想你正在和别人交谈的内容。如果你能在脑海中想象出当时的情景，就能更容易记住和获取倾听中的信息。这使得你可以讲述一个与对方有关的故事，我保证有用。

不要急于提供解决方案。在交谈时询问别人想从你这里得到什么或者你能怎样帮助他们，是完全可以的。但在大多数时候，他们会告诉你，他们只是需要你认真地听他们说话，同时，他们需要向你谈论他们的想法和感受。对于听到的问题，你也许能够想出很好的解决办法，而且，当你对结果没有感情投入时，解决方法通常更容易想到。但重要的是，要把这些信息留到需要的时候。不要在他们没有提出请求的时候就提出建议。

这是另一个让我很纠结的问题，因为我是一个"问题解决者"。我会用最少的资源和最快的时间来解决问题，这明显是我的优势。但是，当我想到我解决问题后，别人会怎么看待我，这恰好又成了我最讨厌的事情之一。尽管我出于好意想帮助别人解决问题，但这么做并不一定总是正确的。

提出澄清意图的问题。在你和人们交谈中如果有了明显的、有目的的停顿，你就可以花些时间来提出一些有助于澄清意图的问题了。"你说你生气，为什么？"或者"现在的这种局面让你有什么感受？"这些都是澄清意图的问题。

那么，什么问题不是在澄清意图呢？比如这样："哦，真的吗？让我告诉你发生在我身上的一次经历……"当我们把别人的故事都说成是关于我们自己的事情时，我们就明显没有在倾听，明显不是澄清意图，而是急于想表达自己的意图。

有些时候，讲述你的个人故事也许既合适又有益，但只有在你真正倾听之后，才能讲你的故事。在了解对方之前，一定要给对方一些时间自我表达。

给予鼓励的反馈。这很重要，尤其是当人们向我们吐露心声或感到脆弱的时候，让他们知道我们听到了他们的心声，并且在持续关注他们。"伙计，那太糟糕了"或者"我真为你感到高兴！"都是很好的例子，它们可以让你在不打断别人的情况下给出积极反馈。

非语言性暗示。如果别人跟你说话的时候退后了一步或几步，那就要给他们更多的空间。如果他们嘴上说自己很高兴，但脸上的表情却不一样，那就在交谈中将你的观察表达出来。如果你从对方的非语言交流中感到他有点无聊或悲伤，不要忽视这些小小的暗示。不管他们是客户还是朋友，他们现在都是想要跟你交流。接受这些暗示，提出更多问题，以便更好地理解对方。

总结。对我来说，这可能是沟通中一个比较尴尬的部分。我刚开始做的时候并不顺利，但经过训练以后进步了很多。简单地重复别人刚刚说过的话，并且要求对方澄清，有助于对方知道你在听并且懂他，也可以确保你听到的东西准确无误。这一点在解决冲突时尤其重要，因为误解可能导致更多的冲突。现在我经常对我的女儿们使用这种总结方法。我问她们有什么感受，在她们告诉我之后，我又把听到的重复讲给她们听，这样一来，她们就可以在必要时更正或者澄清更多的细节了。这对我很有帮助，尤其是在对待我两个焦虑的孩子的时候。

这些积极倾听的技巧如何帮助你提高销量？因为它们旨在让你的

客户感到你在倾听、理解和关心他，还有什么比这更好的方式来建立信任呢？

下次与潜在客户进行沟通时，请尝试这些步骤。问他是什么让他想到你的产品或服务。让他讲述他的故事。充分利用这一点，运用你改进后的沟通技巧，了解你的产品或服务能够如何满足客户的需求和改善他们的生活。如果你能让客户觉得他是对你很重要的人，他会感觉很好。最重要的是，客户会因此与你的品牌产生特殊的情结。

超实用的 6 法则，获得顾客的忠诚

不久前，迈克尔去纽约见他的叔叔格雷格 (Greg)。他的计划是品尝当地美食，和叔叔好好地待上几天，看几场大都会队和扬基队的棒球比赛。迈克尔和格雷格都是超级棒球迷，所以他一直很期待这次旅行。他有足够的积分来预定一家纽约高档酒店的房间，并且幸运地在丽思卡尔顿酒店 (Ritz-Carlton) 订到了一间房。

当他抵达酒店登记入住时，前台一位叫卡洛斯的接待员在和迈克尔聊天时知道了他来这里的原因。迈克尔提到了棒球比赛，并表示他很期待看这两支当地球队的比赛。卡洛斯把迈克尔带进房间放好了行李。接着，迈克尔就去找格雷格一起喝一杯。那天晚上，当迈克尔回到他的房间时，发现床上有两件崭新的扬基队队服。原来，卡洛斯买了两件球衣，分别送给迈克尔和格雷格，就是为了给迈克尔的旅行留下好印象。

有多少公司会在预算中留出这笔钱让员工自由支配呢？这样的

公司，想要通过他们的贴心服务，获得顾客的忠诚，你肯定愿意把这段经历分享给别人。迈克尔本可以自己买那些球衣，但一家大型连锁酒店为他做了这件事，而且没有任何附加条件。这就是客户服务。这就是这家企业与竞争对手的区别所在。

脱颖而出的策略 1：杰出的客户服务

说到客户服务，如今的客户服务标准真的很低！这可能是因为我快 40 岁了，抱怨客户服务似乎是老年人流行的消遣方式，但现在很少有哪家公司的服务能让我感到惊叹。即使是那些曾经在服务上树立良好声誉的公司，似乎也把精力放到了其他方面。

当然，作为创业者来说，这意味着你的企业可以通过专注于优质的客户服务而脱颖而出。你固然无法让每个人都满意，但是在客户服务方面的一点点努力，将大有裨益。着重做到"有求必应"和"超前一步"。如果可以再进一步，就努力让你的客户感到开心和满足。

正如你了解到的，人们会在情感上与你的品牌产生联结。这意味着你在创业的过程中必须处理好这些情感。作为产品或服务的提供者，你在职业生涯中一定会遇到各种各样的人，并且要和他们一起工作。

你与这些人建立的情感联结大致分两类。人们对你的品牌及和你在一起的体验，要么产生积极的情绪，要么产生消极的情绪。换句话讲，他们要么在真正高兴的时候给你留言，要么在生气的时候给你差评。

当客户对你提供的产品或服务感到高兴的时候，你也会感到高兴，这就是惊喜和快乐的全部意义。让他们向你讲述他们的故事，告诉你，你的品牌为他们做了什么。配合他们的兴奋程度，并且适应他们的沟通方式。你希望他们成为你的粉丝，所以，在适当的时候要和他们开开玩笑。让他们看到你的品牌人性化的一面，你就可以把他们变成"有黏性"的客户，让他们不仅反复购买你的产品，还会和别人谈论你的产品，有效地成为你的品牌代言人。当客户为你做同样的事情时，他们会感谢你花时间让他们觉得自己很特别。

当然，与产生了负面情绪的客户沟通更具挑战性。当他们失望、生气或沮丧时，控制好你的情绪很重要。当有人在攻击我的品牌时，我经常感到义愤填膺，觉得有必要捍卫我的品牌，因为我觉得他们真的想要摧毁我。相信我，这样的想法是没有用的！所以，如果你觉得自己的情绪开始与客户的情绪一样负面，那就要后退一步，对他们表示理解，要有同理心。当面或以书面的形式回应他们时，要让他们知道你了解了他们的问题，还可以提出更多的问题，这样就能更好地理解他们并且对他们产生同理心。向这些客户保证，你会尽最大努力让他们满意。向他们保证，你正在解决他们发现的问题。

假如有的东西没有达到人们的期望，他们可能很快就产生不好的感觉。有的客户会对我非常恼火，甚至开始骂我和我的员工。当他们激动起来的时候，我们可不能跟他们一样激动。我们能做的是理解和安慰，并且尽最大努力解决问题。

不论出于什么原因，你总会让一些客户无法满意。要么他们没有细看小字打印的附加条款或用法说明；要么就是对产品有着不合理的要求；也可能是其他原因。有时你不得不让这样的客户离开。我妈妈以前把他们称作"删除"，他们永远不会成为你的品牌代言人。

想占便宜的客户，你不可能满足他们。他们永远都存在，而且一定会找到你。

当这种情况发生时，重要的是记住你的价值观和使命。在尽力满足客户这个问题上要设立底线，然后让事情过去。你不可能把所有时间和资源都花在不可能的事情上。如果有必要，不要害怕退款和删除。

脱颖而出的策略 2：要做一些特立独行和与众不同的事

除了服务，你还可以通过做好自己的事情从竞争中脱颖而出。注意不要做其他人都在做的事情。你一定听过那句名言："如果你总是做你一直在做的事，你就只能得到你一直得到的东西。"很多人都说过这句话，但没有人知道它的出处。不过，它提醒我们要改变现状，敢于与众不同。我希望你们在推销产品时，能够尽量跳出常规模式去思考问题。我在创建自己的公司时反复学习到的一件事是：

意想不到的 + 非常规的 = 难忘的

如果你想让人们记住你，就必须给他们一个理由。复制竞争对手所做的一切，是无法让人们记住你的。

这是不是听起来很容易？只要做别人没做过的事情，业务就会井喷式地发展！说实话，如果我们没有自己独特的方式，事情是不会那么简单的！把产品拿出来像专家一样评论一番，并不难。新的方案拿出来，经过大家一番评头论足，但新业务停滞不前，于是我们成了自己业务发展的障碍。但是如果你能走自己的路,就能做出惊人的、创新的、意想不到的事情,才能让你的企业脱颖而出。

要想以不同的方式思考和工作,首先需要适应的是:忍受孤独。即便这会让你不舒服,但也要坚持。满足粉丝的需求是你工作的一部分,花费时间和精力去创新,则完全是另一回事。

面对你的创新,很多时候会遇到其他人的强烈反对。但你必须有足够的信心去面对这些反对,而且这种强烈的反对一定会出现。

如果可以的话,我愿意亲自来到你身边,跟你手拉手,一起为你最新的产品发布会出镜,跟你一起制作小视频向大家推广你最新的创意。真的,如果可以的话,我一定会这么做。但是,最终这些事情还是得你自己去面对。整理一下思路,回想一下当初你为推广新产品,为更好地维护粉丝而进行的那些头脑风暴,有多少是因为你担心想法太另类、太难达成而放弃的?是不是可以用新的角度再考虑一次呢?

眼下我正努力教孩子们这样做,而这在小学生身上是很难做到的。说实话,这对任何年龄段的人,都不是件容易的事。去年,我最小的女儿肯尼迪上小学一年级。有一天,她骄傲地宣布她被评为"本周最佳学生"。作为一个经验丰富的小学生的妈妈,我知道,她是因为这周的家庭手工作业做得好。这周的作业需要图片、便利贴、荧光笔、胶水、胶带、小水钻、独特的羽毛以及削得尖尖的2号铅笔。

我讨厌这个年龄段孩子们的家庭手工作业,因为孩子们做不了,最终还是父母的事。你想说大家都是这样陪着孩子走过来的,但能不能不要让我在周日晚上熬到11点,完成了她的手工作业才能睡觉?

接下来的事情正如我所料。肯尼迪果然拿出了一张纸，上面写着要求制作一份"本周最佳学生"海报的说明。里面要有她的生活照片，还有各种令人眼花缭乱的制作要求。此外，她还必须装饰完成一张画有小女孩的剪贴画，天知道她想在画上装饰些什么东西。

我的目光停在那张有 27 条说明的纸片上，接着，我转向肯尼迪，问她是否愿意打破常规，做一份稍稍不同的手工作品。我想我们可以把这两项作业合并起来，把她的照片贴在一张剪成小女孩形状的海报上。对我来说，这听起来像是双赢，我们就不用花一整夜的时间来做这两件事了。

但肯尼迪十分担心班上的其他孩子会因为她的手工作品与众不同而嘲笑她。于是，她在我做饭的时候围在我身边，说了很多"没人这么做，妈妈""说明书上不是这么说的"之类的话。

我尽自己最大的努力向肯尼迪解释这样的一份手工作业有多可爱，并且让她相信：一份有点与众不同的作业，并不意味着不好。当我用巧克力贿赂她，并威胁她"我可不想整晚都帮你做手工，所以，要么就这样，要么就什么都不做"时，她很不开心地答应了。还记得我说过我态度强硬、坚决要把事情做好并且不找任何借口吗？这也许是件好事。

我们把海报做成一个小女孩的形状，又把她的照片贴在上面。跟我说的一样，海报做的既与众不同，又非常有趣，同时还完全符合这次手工作业的要求，就是让她的同学能更多地了解她。肯尼迪第二天去学校的时候仍然担心同学们会怎么想，因为她的手工作品和其他人的不一样。那天下午她回到家时，我问她怎么样。她面露喜色，说："妈妈，每个人都说他们下次也要做我这样的手工作品。"

现在，我的女儿学会了在不影响她的成绩或其他人的情况下，不怕打破规则。有一个喜欢不走寻常路的妈妈，让她学会了应对学校里各种各样的挫折。虽然与众不同确实有些吓人，但也会给你带来意想不到的收获。我有3个循规蹈矩的孩子，看来我需要一遍又一遍地教她们不落窠臼了。我希望你也能这样做。

要做到特立独行和与众不同是一件很难也很孤独的事。但这是改善产品或服务的唯一方法。在商业中不断创新是必要的。**你的产品或服务随时都需要改进：你如何谈论它、展示它、推销它、怎么看待它等。为了做到这一切，你必须时刻努力走在竞争对手的前面，独自一人坚持面对。**这很不容易，你经常会看到竞争对手蚕食你的计划和借用你的创新。但这也意味着你对你所在的行业已经产生了影响，这也将激励你再次努力去创新。

每当我看到有人抢夺我的劳动成果或者抄袭我的创意时，我就会回到办公桌前，努力去想出新的创意。我希望你也这样。不要一直待在舒适圈里，因为改变总是在你身后紧追不舍。习惯它，要适应那种不舒服的感觉，对特立独行感到适应，习惯偶尔把自己当作一匹孤独的狼。爱你的事业和你自己，并且足够深地投入进去。

脱颖而出的策略3：敢于打破一切常规

对于任何一个行业，最有害的一句话就是："我们一直都是这么做的。"我希望你会觉得这句话很刺耳。就好像是高中时的橄榄球比赛，赛前啦啦队队员们会举着一块大牌子满场转，那些女孩又漂亮又自信，看起来棒极了！她们的目的就是为了鼓舞观众，为比赛制造热烈的气氛。但是那些大牌子，是用来被打碎的。而这正是你需要思考的东西。你得问你自己：过去人们一直是怎么做的？我怎样才能改变过去的做法？我能不能试试什么新方法？换句话讲，重新思考一切。

好比先把某样东西拆开，再用新的方法重新组装起来。

挑战规则。如果有必要的话，打破它们，就算你在做这件事的过程中会经历挫折。想要获得灵感，玩一下反人类卡牌游戏（Cards Against Humanity）。就是那家有不少人认为"很不正经的派对桌游公司"，如果你玩过，就会知道他们真的很棒！

回想一下2013年，反人类卡牌游戏公司决定要恶搞一下他们痛恨的黑色星期五（Black Friday）"嗨购节"。虽然我不是桌游的粉丝，但我也不喜欢"嗨购节"。为了挑战零售业的现状，他们把讨厌黑色星期五的人组织起来一起恶搞"嗨购节"。他们非但没有像其他人一样在感恩节后的第一天降价销售他们的产品，反而做了相反的事情，故意在这一天提高零售价。此外，他们每年的黑色星期五都会做一些出格的事情来吸引顾客的注意。

结果呢？他们的新点子让他们赚了一大笔钱，他们的游戏比以往任何时候都更受关注，他们成了假日促销活动中无可争议的冠军。以下是他们利用"黑色星期五"这个主题来进行营销的例子：

> 2013年，他们为抗议"黑色星期五"，以高于市场零售价5美元的价格出售这款卡牌游戏。震惊的是销售额反而上升了。

2014年,他们在"黑色星期五"出售盒装牛粪。朋友们,我们说的是一坨真正的、公牛的粪便。真的令人无语。更不可思议的是,有3万人购买了这件产品。他们在不到2小时内就把这些盒子卖光了。

2015年,他们关掉了他们的整个网店,并且开通了一个支付渠道,人们可以给该公司支付5美元,但公司不会给你邮寄任何东西。结果呢?有一万多人无缘无故地给了他们钱。还有近1.2万人支付的金额超过5美元,有个人还付了100美元。这家公司最终获利71 145美元。然后,他们把这些钱分给员工,让员工随心所欲地支配这笔钱。

2016年,这家公司拿出了我个人最喜欢的噱头,筹集十几万澳元在地上挖个大洞,然后很快又把洞填平了。如果你当时在附近,你可以支付5美元给该公司,并实时观看一辆挖掘机铲出泥土。

2017年,这一次是在"超级碗星期天"。他们决定挑战美国国家橄榄球联盟的赛会制度,就制造了一条假新闻作为噱头,告诉他们的用户,他们在超级碗投资了一条非常昂贵但零美元回报的广告后,已经破产了。

这条广告视频是白色背景前放着一颗土豆,土豆上写着"广告"两个字,整条广告没有声音,没有动作,什么也没有。人们争相到互联网上搜索这则价格昂贵却没有内容的广告。最后,通过创造性的思考,他们利用了人们对超级碗的关注,而广告制作成本仅仅是买了一个土豆。

如果你问一位业界人士或营销专家，他肯定会告诉你，这些想法很可怕，但这个噱头确实达到了他们的目的。反人类卡牌游戏公司了解自己的用户，而且他们跳出了固有的思考模式。当然，他们的恶搞并非没有收效，因为他们愿意做一些与众不同的事情，所以不仅建立了更好的品牌认知度，还因此赚了不少钱。

想想看，肯定会有不少人因为读了这本书，而期待着每年的节日或重大活动期间，反人类卡牌游戏公司将推出什么新的营销点子。

我想向你发出挑战，如果你不喜欢现在公司的这套运营机制，你敢不敢运用你的能力去改变游戏规则？要记住，我们做的是平常的生意，但我们就是要用非常规的方法来运作它！

脱颖而出的策略 4：多问"为什么"，保持你的好奇心

当涉及你的产品和你的销售对象时，重要的是保持好奇心。他们喜欢什么？他们为什么要买？不要以为你什么都知道。而是要有勇气去问，并准备好接受肯定或否定的答案。

对于人们提出的改进要求，你可能会感到难以接受，你的公司就好比是你的孩子。你不知疲倦地工作着，有人来批评你，你会觉得很受伤，因为他们根本不知道这有多艰难。我完全理解这种想法。尽管如此，我还是意识到，努力去了解人们对你的产品、服务甚至是对你本人最真实的感受是非常重要的事。当你怀着这样的好奇心时，可以提出的最好的问题就是为什么。

所以,当有人说："这件事情一直就是这样的。"你要问："为什么？"

当有人说："如果你不照以往的模式来做这件事，就做不成。"你要问："为什么？"持续不断地问为什么，并且保持你的好奇心，不仅能帮助你抑制自我怀疑，而且还会帮助你有效应对那些试图让你遵守行业规范和文化传统的人们。

出于对人们想要些什么的好奇，我创办了 LTM 风格的图片库（提供策划图标的服务）和"老板百宝箱"（面向 CEO 的季度订阅服务）。这两个都是新成立的小项目，它们的创业灵感来自我的客户告诉我的："这些内容能帮我解决我在创业中遇到的麻烦。"

保持好奇心。当你认为你已经问了足够多的问题时，不妨更进一步，尽可能多地提问题，以确保你对产品或服务的改进是正确的。

脱颖而出的策略 5：从前人身上吸取教训

从前辈或者有创业经验的人那里吸取经验，并不需要正式导师的帮助。如今，有了互联网，很容易就能找到这样的前辈，即使他并不认识你。

如果你仔细观察、研究和倾听你钦佩的商界人士的行为和理论，他们就会帮助你少走弯路。他们会给你开启创造力的钥匙。你有机会从他们的错误中学到经验。

如何将你所在领域里一些行业巨头已经开始做的事情变成你的目标市场？你所在领域的领军人物是怎样改变游戏规则以获得成功的？你能从他们身上学到什么？当别人激励你时，千万不要低估你能为自己的事业注入多少能量。

脱颖而出的策略 6：保持连贯性

让你在竞争中脱颖而出的最后一个方法是要保持连贯性。

你经常听到创业者们说这样的话："在你成功之前，先假装成功。"我能理解他们的感受。但这句话的问题是，它会在你的公司中产生许多的不一致。如果你想拥有使用你的产品或服务的稳定客户，那么，你的产品或服务必须保持始终如一。这就是你开始创业的原因，也是你一直在做的事情。如果客户感觉你因为一边发展、一边学习而放弃了原有的服务，那你就无法使客户保持对产品或服务的忠诚了。

眼下我正处在事业的转型期。我不太关注那些已经能够自给自足的公司，而是更多地关注如何发展自己的品牌来帮助女性创业者。这一直是我的计划，也是我要倾尽全力做的事情。但是当我开始这种转型时，我发现我以前的客户经常感到困惑，因为他们不知道我到底是社群的领导者，还是销售员，或者是印刷厂老板。

我能理解他们的感受，但我可以通过与他们沟通来减少困惑，并且了解当我确定做出这种转变时，哪些人可能会感到不高兴。

改变你所在行业的商业模式是很困难的，特别是当这些改变涉及对品牌忠诚的客户时，难度就更大了。所以，你们在做出改变时要谨慎。但你必须得改变，所以要聪明地进行，确保你的改变是在保有原来优势的基础上进行的，而不是否定过去。

我经常看到有些创业者改变他们的经营模式，认为他们已经找到了新的机会点，但没过几个月他们的想法又改变了。客户会看到，他们会记住的。如果你想做出改变，就要坚持下去。告诉你的客户，你的产品或服务将如何帮助他们,你将怎样不断地从小处着手改变,满足他们的需求,以及你真的喜欢自己正在做的事情。

我可以围绕这个主题写上好几天,我很乐意坐下来谈谈我看到的各种逆向思维的促销策略,它们能让你的生意在短时间内从平常转变为不同寻常。这并不难,但你真正需要记住的是销售的 3 个主要部分:

1. 探索客户的需求。
2. 了解让他们犹豫不决的事情。
3. 使你的公司在竞争中脱颖而出。

Boss Up!

第 9 章

财富跃迁第六课：
相信积极情绪的力量

CHAPTER 9

这是一个星期天的晚上，我在翻看脸书的时候发现，自己正在失去对能够活着、能够工作的兴奋感。一个又一个的帖子，一个又一个的表情包，人们对工作的抱怨简直令人沮丧。不是表达对周一的恐惧，就是不断地重复"我需要休假"，更多的是抱怨"我太忙了"。这种抱怨唯一的目的就是让发帖者感觉自己很重要。这一切真是令人厌倦。

作为一名美国女性，我们是幸福、幸运的。虽然我们目前的工资可能比男性同行要少，但仍然有工作的权利，可以创办自己的企业。我们生活在一个允许女性追求梦想的地方。女性潜力无限。

几年前，我在新加坡参加一个贸易展。这是我第 2 次去那里，之前的第 1 次旅行令人失望透顶。人们向我承诺的那个地区的商业潜力，实在是言过其实。我不知道你是否曾在贸易展上拼命工作过，那不是一件容易的事。活动开始不到 5 分钟，我就有一种直觉，觉得历史将要重演：第 2 次旅行将和第 1 次一样艰难。

这一天的时间长得令人难以置信。我的脚都走疼了。时差问题让我觉得非常疲惫。那天我对自己的工作丝毫没有兴奋的感觉。

当我们的团队拖着第二天要用的物料朝门口的车走去时，在酒店大堂工作的一位行李员和我们聊了起来。我们聊天时，他看起来很高兴，看来他很喜欢自己的工作。见到我们这样一群外国人，他很自然地问我们那天要做什么，想去哪儿看看。我无奈地回答："很遗憾，我们今天要在会议中心工作。"他惊讶地看着我，就好像我长了3只眼似的，他对我说了一番话，让我至今难忘！

他说："不是吧，夫人。恕我直言，你真是幸运，今天能去工作。"

那一刻我仿佛被人扇了一个耳光，恨不能找个地缝钻进去，因为我马上意识到：他说得对，我对待工作的态度糟透了。尽管那天的展会并没有因为这位行李员的一番话变得更好，但我的态度改变了，整个展会就变得有趣多了。

试着热爱生活，热爱你所做的事情

普通人一生会工作约9万个小时。

占到我们生命的 1/3。

有人说："我们怎样对待生活，生活就怎样对待我们。"所以，不妨试着热爱生活，热爱你所做的事情，看看会发生什么？如果我们想成为高效的创业者，或者是一个正派的、通情达理的、能够合理进行自我调节的人，就需要对我们所做的事情保持热情，然后将这种热情表露出来。我们要尽量做最积极和最快乐的自己，这才会让我们的热情具有感染力。

这种积极乐观确实可以帮助你发展事业。至少，它使我的事业得到了发展。我对工作和产品的热爱与自信,也是促使人们试用它们的一个重要因素。

在现实生活中,对工作有热情的人是很罕见的。我向你保证,讨厌自己工作的人,比喜欢工作的人多得多。你要毫不犹豫地表现出你的热爱,这会吸引人们关注你和你所做的事情。

还记得《奥普拉的最爱》(Oprah's Favorite Things)吗?回顾奥普拉还在做直播工作时,每年都会做一集叫作《奥普拉的最爱》的节目。她会把一群她认为有资格的人请进演播室,并且给每一位现场观众颁发奖项。

我年年都看这个节目,因为我喜欢看到积极快乐的事情发生,我喜欢看到人们收到汽车或其他礼物后惊讶万分的情景,并且观察他们的反应。即使不是我得奖,也没关系。看到这种事情发生,我也会感觉很快乐。

积极乐观的情绪可以感染他人,我们都希望生活中多一点令人兴奋的东西。如果我们始终如一地追求美好生活和成功事业,那我们的生活和事业就会变得更好。

"THINK"原则:打造正能量氛围

我的脸书商业群组里有很多正在做着了不起的事情的人,但在互联网上,即使是了不起的人,也必须接受他人的领导和监管。

事实上,我也意识到,在一个大型团队中,保持积极乐观的态度是很困难的。出于某种原因,坐在电脑屏幕后的人,常会随心所欲地发布他们想说的话，却很少考虑看这些内容的人们的感受。

在团队中我所做的大部分是监管工作，因为我通常比较乐观。我深信，我们要创造和保持一种积极向上的氛围并不容易，尤其是在网上。为了维护这种氛围，我必须心甘情愿地做个"坏人"，而且不得不教导我的员工该如何去做。有一次，我根据才华横溢、心地善良的肖恩·阿克尔(Shawn Achor)的TED演讲，写了名为《积极的21天》(Twenty-one Days of Positivity)的一系列帖子。相信我，肖恩的演讲一定会让你大吃一惊，会让你相信积极心理学的作用。

我们公司的企业文化之一是：永远不在公共场合抱怨，无论是线上还是其他地方。我建议你也这样做，严肃的话题要郑重，这样的情形不应该出现在公众面前，尤其是在其他客户能看到的地方。将你和客户之间的交谈转移到线下，这样你就可以从容地面对你的其他客户，并且能有效地解决他们的困难。

在互联网上经营企业意味着我们需要在任何地方都表现得积极和专业。那些不熟悉商业，不习惯被放在显微镜下的人往往注意不到这一点。我们需要将这样的思想和纪律融入日常工作中，确保我们的行为始终如一地代表我们的品牌。在我的社交媒体群组里，这些思想意味着关心、有趣、积极、乐于助人和鼓舞人心。

这意味着我们必须对所写的或所说的事情再三考量，特别是在商业背景下。在点击"发帖"或"发布"之前，请考虑以下这些问题：

1. 这些内容会让别人更有信心吗？
2. 这些内容会有益于我的客户、我的同事吗？

3. 这些内容会赢得信任吗?

4. 这些内容会有助于我和我的粉丝吗?

如果不是这样,也许更好的选择是不发帖。

我记得自己还是个小女孩的时候,曾在学校里学过一个由单词的首字母组成的词——THINK,它帮助我在开口说话之前做足准备。长大后,我发现保持沉默并不会让事情变得更简单,所以我觉得这种小小的记忆方法很有帮助。THINK这个首字母缩写词由5个单词构成,它提醒我思考:"我要说的话,是不是……"

T = 真实(True)

H = 有益(Helpful)

I = 鼓舞人心(Inspiring)

N = 有必要(Necessary)

K = 友善(Kind)

我知道这些对你来说都不新鲜。但是,当我们的感情受到伤害,或者我们的自我意识出现问题时,很容易忘记这一点。当有人散布谣言或者写一些伤人的内容时,我会本能地为自己辩护,想要及时说明自己做了什么,为什么这么做。我知道,当有人对我说一些伤害性的或不真实的话时,我更倾向于直接反驳。然而我愤怒或沮丧的反应,很少能改变局面,通常只会使事情变得更糟。

在我的团队中,我坚持的原则之一是:抱怨要在团队中逐级往上而不是往下。《拯救大兵瑞恩》(Saving Private Ryan)这部大片中的一个场景很好地解释了这一原则：

> 列兵莱宾："嘿，上尉，你觉得怎么样？我是说，你一点都不抱怨吗？"
>
> 上尉米勒："我抱怨也不会跟你说，莱宾。我是上尉。咱们的指挥系统是向上不向下的。我们一贯如此。你可以向我汇报，我向上级汇报。我不能，也不会在你面前抱怨。作为一名突击队员，你应该知道这一点。"
>
> 列兵莱宾："对不起，先生，但是……假如你不是上尉，或者我是少校。那你会怎么说？"
>
> 上尉米勒："嗯，那样的话……我会说：'这项任务真是棒极了，这是一项非常有意义的任务，长官！我会尽全力完成任务，长官！另外……我为二等兵詹姆斯·瑞恩的母亲感到由衷的悲痛，我愿意牺牲自己和我手下士兵的生命——尤其是你，莱宾——来减轻她的痛苦。'"
>
> 梅利："我同意让他代替瑞恩。"
>
> 列兵卡帕佐："我喜欢他。"

你看出是怎么回事了吗？抱怨应该向那些真正能解决问题的人说，而不是向那些解决不了问题的人说。

我并不是说，当你真的心情不好、备感沮丧的时候，也要把所有的情绪都藏在心里，假装高兴。这其实并不意味着你必须表现得非常开心，你仍然可以做你自己，坦率地谈论你关心的事情。但是，你的社交媒体信息和与他人的对话，不应充斥着抱怨，不要一直抱怨你被什么事情、什么人惹恼了、你讨厌什么、你无法忍受什么，或者那件事情有多么艰难。

毕竟，人们跟你一起工作总是需要理由的，而你也需要有人陪伴，尤其是当你情绪低落的时候。持续的消极情绪和抱怨只会让人们远离你的公司、你的品牌，甚至远离你。

我在这里郑重声明：任何在我的留言区发牢骚的帖子，都会被私下处理并删除。我的留言区，我做主。如果这让那些喜欢上网发牢骚和经常抱怨的人们感觉不愉快，我不在乎。我完全乐意让我的竞争对手去接受这些人。

做个积极又专业的领导者

我想让你明白，虽然我很重视保持积极的心态，但我并不是个心态积极的人，至少不是一直都很积极。你可能会感到惊讶，我有些时候也是个固执己见的人。我特别不喜欢被人批评，所以做事总是喜欢追求更快更高效。当我对某件事感到沮丧或生气时，想要保持积极和理性确实很困难。每当遇到这种情况，我只想愤怒地回应："闭嘴吧，你根本不了解我的生活！"然后猛地合上电脑。我的亲身感受是，当周围的人都来找你抱怨时，你很难保持积极乐观的态度。

作为一名创业者，我听到过很多人的抱怨和投诉。所以，你也会听到许多。人们不认真读产品说明书，常常略过一些步骤，并且忘记重要的事情。我真的很想帮助他们，但我精力有限，做不了这么多事情。这种持续的负面情绪对我产生了影响，我知道你也不例外。

正因为如此，我制定了一条生活规则：对任何的抱怨和投诉，必须提出两个解决方案。当我被抱怨弄得筋疲力尽时，很难坚持这条规则。但我知道，至少提出两个创意或解决方案，有益于进一步解决问题，而且我还会邀请其他人参与进来帮我解决问题。

最后，当你与其他的创业者或客户在线交流时，需要记住的一点是，你和你的同事需要根据拥有的信息来为公司做出选择。这意味着你需要与你的员工保持专业的关系，即使他们是你的朋友。这还意味着你要运用专业知识而不是个人的情绪来进行决策。

我希望你能记住，你现在正经营着一家公司，最终要为它的成功与失败负责。这也许需要你做出一些艰难的决定。这些决定可能对你有好处，却不一定是你周围的人想要的。我知道这样做很困难，但你必须做对公司有益的事情，包括为你的经营管理定下基调，并照此一丝不苟地执行。

设定你理想的工作环境，并且通过对粉丝的教育和互动来树立榜样。不要让公司的工作环境成为满是抱怨和消极情绪的垃圾场，因为那样只会产生更多抱怨和消极情绪。

总有一些人无法理解你保持乐观的努力，但一切都取决于你是否有勇气不让他们影响到整个团队的士气。积极情绪和消极情绪都是可以传染的。正如肖恩·阿克尔解释的那样：

> 如果在人们微笑时对其大脑进行扫描，就会看到大脑中

被称为镜像神经元的一小部分被激活了。如果你给别人看某人微笑的照片，这些镜像神经元也会被激活，于是你的嘴角会不由自主地上扬，露出微笑的表情。这就像打哈欠……

不但微笑和打哈欠会传播，消极情绪也会传播。如果我们生活在消极的环境中，消极的情绪就会像二手烟一样影响周围的人。这和我们的大脑处理世界的方式是一样的……

事实上，当大脑处于积极状态，而不是消极、中立或紧张状态时，它的工作效率更高。这一点在10种不同类型的智力测试中都有所体现。研究还表明，积极的心态能提高工作效率。例如，心情愉快的医生能够更快地诊断出病症，准确率也比正常情绪的医生高19%，甚至一旦发生误诊，后续处理的灵活度也是正常情绪的医生的2倍。

我们必须帮助我们的客户、群组成员、员工和同事改变思维方式，教他们如何将工作中的压力、困难和不可预见的情况视为挑战而不是威胁。问题总是存在，但我们必须努力营造一种能够解决问题的氛围，而不是整天沉溺于失望之中。

── 财智悟语 ──

当你感觉意志消沉的时候，这里有一些建议或许可以帮助你培养积极心态：

1. 列出生活中让你感恩的事情。我发现，当我将注意力集中在生活中令我感恩的事情时，就不会在意那些令人烦恼的事情。

2. 花点时间亲手写一张爱的纸条。把它偷偷送给你的家人，放在他们能看到的地方。

3. 打开冥想软件头部空间（Headspace）或其他辅助冥想的应用软件，做 10 分钟的冥想。

4. 记录你的感受。我发现，当我把害怕的事情写下来时，它们就变得没那么可怕了。

5. 出门转转。绕着街区走走，或者骑几分钟自行车，呼吸一下新鲜空气，换个角度看问题。

6. 写下积极、肯定的话语来对抗消极。对着镜子大声说出肯定自己的话语。

7. 改变周边的环境。也许今天你应该走出办公室，搬到后院去工作，给自己一个全新的工作环境。

8. 在家里或办公室安排一个单独的空间。简约的环境可以帮助你获得成就感。

9. 给你乐观的朋友打电话。他们会告诉你一些真实的情况。

10. 做一些打破常规的事情，旷工去吃午饭或看电影。白天躺在床上看书，只是为了让事情看起来有所改观。

积极的心态是可以通过学习来获得的，所以要教你的粉丝群如何做到积极乐观，也要使自己保持积极的心态。努力形成乐观、积极的工作氛围。帮助你的客户和在线社群更多地关注问题的解决方案，和他们一道，针对问题逐个提出解决方案，并且始终如一地鼓励他们给你提供可能的解决方案。你无法承受消极的工作环境给你带来的损失，因为你的成功和工作的快乐都取决于你的心态。

可以坦白，但不要卖惨

我希望你要有积极的心态，同时也要坚持做你自己！现在我面对的问题是：怎样在面对困难时依然保持乐观呢？

我见过许多创业者跳上了"脆弱列车"，他们试图编造一些故事，利用虚假的弱点来获得关注，而不是用真实的、不完美的东西来建立他们与客户之间的联结。真实地面对生活中的艰难和把所有问题都推给粉丝，这两种做法之间只有一步之遥，但努力在两者之间划定界线是值得的。我认为能否对不那么积极的事情保持诚实，关键在于你的意图。你是想通过让别人了解你的困难，从而帮助你，还是只想引起别人的注意，或者向别人倾诉你的痛苦？我敢保证，你的关注者很容易就能弄明白你的意图。

为了让你们明白这一点，我打算向你们介绍一下我的私密生活。如果成年人、已婚、两相情愿的亲密行为会让你生理不适，那就请翻到下一页。性生活是我和迈克尔之间的大事，假如我们吵架了，或者发现自己总是为对方的存在感到烦恼，那一定是因为我们已经有好几天没有亲热了。我有一个可怕的习惯，如果我们超过两三天没有亲热，我就会产生一些可怕的想法：是不是他已经不在乎我了？糟糕，我们还好吗？是不是我太胖了？是不是我已经没有吸引力了？我知道我不是唯一一个会有这种想法的人。

把它写下来之后，我就发现这看上去是多么疯狂和戏剧化。但是，性生活帮助我和迈克尔成了一个整体。这正是问题的关键。

我通常不会把我的想法告诉迈克尔。我一直觉得自己是多余的、孤独的，这导致我们之间产生了更多隔阂。但最近经过思考，我决定像个成年人一样勇敢地告诉他我的感受，告诉他我内心的需求而不是让这种隔阂持续下去。等我们把内心的想法说出来之后，生活又重新回到了正轨，因为他对我的感觉，与我对自己的感觉是不一样的。

如果你有足够的勇气去面对和讨论生活中的阴影和不完美，那么，展示你的脆弱有助于你与你的粉丝之间建立真诚的联结。朋友们，这是积极的，不是消极的。你没有必要将你的思想、感受和行为埋藏在心底，而在互联网上假装脆弱。

本书出版前，我第一次在社交媒体上哭了。我很害怕把我的照片印在这本书的封面上，也害怕我的妈妈粉丝们会有一些不公正的反应。我在帖子里提醒自己，我的身材并不能算是小号的。人们会怎么说？每个人都喜欢在书的封面上看到漂亮、苗条、快乐的女人，但是那些微胖的快乐女人呢？我的外表会毁了我把这本书送到读者手中的机会吗？这是正确的选择吗？我在撰写那个帖子的时候，想到了许许多多由于内心恐惧和不安而导致的问题，很快就哭了起来。

我的眼泪是真实的，而且，要按下"发帖键"真是太难了。但我还是发了。我讲述了我的恐惧，并且让大家了解了我的痛苦，不是为了博得同情或鼓励，而是为了表明我们都是相似的，我并非与众不同。

故事还不止于此。发帖后第二天，我跟朋友交谈之后，就振作了起来，发布了另一个帖子。那个时候，我已经能够改变我的态度和想法，去面对那些我最害怕的事情，也能够向大家展示这些了。

这并不代表我战胜了恐惧。我真的很害怕。但对我的粉丝来说，这么做能够告诉他们，我们都会面临真正的恐惧，我们必须克服它，而不是躲着它。这种恐惧就像一面镜子，能让我看到我的自我怀疑，这些是我必须努力解决的事情，是我感到挣扎的地方。但在面对和分享这种挣扎的过程中，我与我的员工建立了真实的、积极的联结。

不管我的牛仔裤是多大码的，人们都会说他们想说的话。我不能让我的体型阻止我发出自己的声音。我不在意我的体重，不会因为我做的事情与别人做的不一样而失去谈论任何话题的资格。现在的我已经足够好了，我需要记住这一点。

你知道吗？在发出那些帖子之后，我收到最多的回复是"我也和你一样"和"你并不孤单"。我在社交媒体上发帖，向人们展示我最脆弱、最困难的时刻，是为了通过我的挣扎与他人建立联结，是要鼓励他们、帮助他们认识到我们都是相似的。这显然引发了粉丝的共鸣。有趣的是，这最终也帮助了我。

没有什么比拥有自己的公司更能暴露我的不安全感。身为创业者，很多时候我是被推着向前的。你也会遇到相似的情况。但是，通过真诚地分享我们的故事和挣扎，最终我们能把消极因素转化为积极因素。

正面营销较安全，负面营销难把控

不要误解我的意思。你的品牌带给这个世界的一切，都是你要营销的。而把你的品牌呈现给大家，让大家了解进而购买，就是"营销"

的过程。营销给人的印象有时并不好,因为它让人们联想到卑劣的手段、一意孤行和操纵市场。但我一直都在做营销工作,这没什么见不得人的。

当你试图说服家人晚餐去吃福来鸡,好让你能有机会享用他家美味的鸡汤时,你其实也是在向你的家人营销。当你和朋友谈论你新买的戴森吹风机时,你就成了这款产品的推销员。

你这样做,不是因为你迫不及待地要利用朋友、家人或粉丝,而是因为你喜欢这件产品,希望你的家人、朋友、粉丝也喜欢它。只有当你自己都不相信自己推销的产品、服务或理念时,这种营销才是恶心的。所以,你不必对营销感到内疚或可耻。不过,你确实是应该考虑一下该如何营销,以及你的营销技能是否能影响其他人。

营销方法有两种:正面营销和负面营销。

作为一名营销员,当你使用正面营销法时,你要向人们展示你的产品或服务如何使他们的生活更容易、更健康、更有成就感、压力更小,也就是说,你的产品或服务能满足他们的需求。另一方面,当你使用负面营销法时,你要向客户显示,如果他们不买你的产品或服务,可能会出现什么问题。

如果你能正确地运用负面营销,它也可以发挥作用。但是,正确运用负面营销,与过度运用以及羞辱和恐吓客户其实只有一线之隔。我们都在社交媒体和新闻中看到过这种过度运用负面营销法的情形。这更应该被称为散布恐惧,很容易使人们愤怒。

你是否曾经对某个品牌利用悲剧故事来推销自己的产品感到不安甚至愤怒?与此同时,你是否曾被某个悲惨但真实的故事打动过,并因此感到与某个品牌的联结更加紧密了？这两种感觉我都有过。我认为这两种截然不同的反应之间的区别，就在于推销员讲述故事的意图。

> 有一则针对妈妈的电视广告，广告的开头是一个满面愁容、满脸羞愧的女人。她举起一些卡片，上面写着她的悲剧故事，当悲伤的音乐响起时，她的卡片掉了一地。她开始哭泣，说她让女儿失望了，因为没给女儿接种正确的疫苗而导致其身体受到了损害。她是母亲，本可以阻止悲剧的发生，但她没有。然后，镜头中出现了她十几岁的女儿，穿着运动服，露出一条假肢，看上去也十分悲伤。母亲和女儿走出家门，似乎对她们不得不继续这样生活感到失望。要是那个母亲能更好地保护她的孩子就好了！

很明显，这则广告的意图是激起妈妈们心中的担忧，敦促她们正确地选择给孩子接种疫苗。广告让妈妈们觉得，如果不这么做，她们就会成为糟糕的母亲，并感到非常羞愧。但是，我对这则广告的感觉不是这样的，我感到非常生气，因为营销人员利用了我对孩子们深深的爱，而他们明明知道母亲的爱有多深。

他们等于在说，如果我不买他们的产品，我就是在故意伤害我的孩子。我永远都不会买那件产品，因为那是一种带有操控性的负面营销，用一个悲惨的故事来消费者感到害怕，这样他们就可以攫取更多的利润了。

好事达保险公司（Allstate）也曾用悲剧来推销他们的产品，但我却没有觉得他们是在对我进行"道德绑架"。你看过那些迪恩·温特斯（Dean Winters）扮演"梅亨"（Mayhem，混乱先生）的系列广告吗？

这些广告告诉你，你确实需要一家好的保险公司来保护你生活的方方面面。其中我最喜欢的一个版本是"世界上最糟糕的清洁女工"，迪恩·温特斯扮演的清洁女工打碎了雇主家里昂贵的东西，最后自己也从楼梯上摔到了一块松松垮垮的地毯上。这则广告出售的是家庭保险，帮助支付家人的意外事故医疗费。这跟之前的疫苗广告一样，都是在警告我们可能发生的悲剧，但方式上却不会让人觉得被"道德绑架"或者为没有购买产品而感到羞愧。

好事达的这则广告有效地使用了负面营销，取得了成功，但这种营销方法确实不容易掌握。不要利用客户的恐惧心理，他们很聪明，能很清楚地感受到商家是否在利用他们的恐惧来制造负面情绪。

一旦这种情况发生，你建立的信任就会被打破。记住，信任才是你的产品和服务最有效的卖点。

我喜欢把营销中的负面因素想象成菜里的盐。一点点就很好，太多就可能毁了一道菜。大多数时候，我认为，你最好还是采用正面营销。

危机来了？别怕，积极公关

最近，我聘请了设计师玛丽（Mary），她是我们当地一家由女性经营的公司的员工，她帮我为家里的一个房间设计一些内置橱柜。我们刚搬到丹佛的时候，设计师玛丽曾为我们工作过。我很喜欢与她合作。她很聪明，善于沟通，工作效率高，还帮我购买了很多家居用品。但这次，当我付了制作橱柜的首付款，工作进行到一半时，玛丽居然与我们失去了联络。现在，留在我家里的是一些没有做完的柜子，而且最后的价格远远超过了她最初的报价。总的来讲，我对这件事极不满意。

当我们质问玛丽时，她变得异常烦躁，并且表现得很好斗。她开始大哭，还辱骂我们，企图把所有责任都推到别人身上，以这种方式来保护自己，好像这一切都跟她毫无关系。显然，她不知道怎么处理与客户之间的信任危机，不知道如何承认自己的错误，也不知道如何更好地解决问题。最后，玛丽失去了这份工作，因为她被公司发现，原来她还瞒着公司做其他客户的项目。

如今，这家公司面临着巨大的困难，不得不设法解决这个问题。这对公司老板来说是一场危机。即使她勤勤恳恳地维护公司的客户，她的员工却没有这么做。

无论你怎样积极地对待你的公司和你的客户，危机总有一天也会降临。小到某位客户留下的差评，大到一系列的事故或者市场低迷。甚至有可能在你即将实现目标的时候，一位行业颠覆者横空出世，改变了游戏规则。当这种情况发生时，你很难以正确的方式处理危机，也很难保证处理危机时不会损害你之前的努力或者你在客户中的声誉。

一旦你成为创业者，在某种情况下，你会觉得危机似乎是从四面八方冒出来的，而且这只是你作为老板所要承受的那一部分。

有效的危机管理是一项最被低估的商业管理技能，它是指某个组织或某位企业家处理可能造成危害的重大事件的能力。和营销一样，我们也需要成为危机管理专家。

假设有人突然指责你和你的产品以某种方式伤害了他们，并且为此吵得不可开交。若是你还没有做好应对这种危机的准备，那么，光是他们发来的电子邮件和打来的电话，就足以让你陷入恐慌。更糟糕的是，这可能会让你对客户产生抵触情绪，而你的这种态度，只会让他们更加恼火。现在，和他们对着干的是你，不过除非迫不得已，否则你是不会发展到这一步的。

就我个人而言，当这种事情发生时，我几乎总是第一个发火的人。因为我知道，客户根本没有看到我们多么努力地为每位客户生产和制造产品。我必须学会劝自己消气，因为我对危机的反应决定了最终的结果对公司是积极的还是消极的。这也是你需要学习的。

如果你收到一封电子邮件，上面写着："我讨厌你的产品，我讨厌你，我要上网告诉所有人，你就是个骗子。"先别慌，不要立即回信。花点时间让自己冷静下来，或许你还可以设身处地为那些不满的客户着想。换位思考一下，他们购买了你的产品或服务，却没有得到他们想要的结果，会是怎样的一种心情。你以前可能也有过这样的经历，希望你那时没有骂人。

一旦冷静下来，你就可以采取一些措施，以最有效的、积极的方式来处理危机。你需要做的是：

心平气和地做你自己。与客户交谈时，把他们当成普通人，他们只是在尽自己最大的努力，对他们不太了解的产品或服务做出明智的决定。即使他们现在十分沮丧，也非常相信你会帮助他们。因此，要尽可能重新赢得他们的信任。

富有同理心。"如果我有你那样的经历，可能也会不高兴，所以我想先道歉。我真不希望这样的事发生在我的客户身上。"这个时候，你要告诉他们，你理解他们，不会因为他们来投诉你而敌对他们，而是要婉转地告诉他们，你有处理这些问题的经验。

简明扼要地告诉他们事实。也就是要说明隐藏在他们问题背后的事实，如果可能的话，要告诉他们你将采取哪些措施确保他们能开心。

如果没有任何办法来解决这个问题，那就一定要为他们提供经济上的补偿。这样的话，你才有望让他们继续做你将来的客户。告诉他们你要做什么，确保他们的问题不再发生。

无论做什么，都不要推卸责任。比如："好吧，让我告诉你别人是怎么做的，你瞧，这都是他们的错。"这种说法完全就是在推卸责任。要陈述事实，做到理智、冷静、善良。向客户讲述你的故事，简易版本的就行，这样他们就会了解你的性格，但是，不要长篇大论地讲述你都做过些什么，以及这种事情以前从未发生过等，客户一旦听得太多，就会厌烦。只要让他们明白，如果你知道产品或服务质量低劣的话，绝不会推广给客户，同时让他们明白你对待工作是多么认真。

最好不要利用危机或灾难来刺激自己的团队努力工作。如果没有必要，不要让你的同事、团队或局外人知道你处在危机之中。为什么要搞得人心惶惶呢？理性思考一下吧。这个问题真的有那么严重吗？大到所有人都要为它担心？静观其变，它的影响会也许会慢慢地消退。

我有时发现创业者会利用危机来逃避一天的工作。他们会抓住这个理由推脱说：无法集中精力回去工作，因为可能还有其他人不了解目前的危机情况，所以他们要准备好，等着随时向这些人做好解释工作。朋友们，直言不讳地说吧，危机不是你消磨时间的理由。一旦发生危机，尽快处理好之后，做该做的事情。

我再强调一次，最重要的是尽可能保持积极乐观。提醒自己，正如新加坡的那位行李员提醒我的那样，能够做现在的这份工作，你确实很幸运。

所以，继续下去，保持热情。不要因为对自己的工作感到兴奋和自信而道歉。相反，用积极情绪鼓舞你周围的人，让他们也感到兴奋。

Boss Up!

第 10 章

财富跃迁第七课:
终身成长，让我们从平庸到完美

CHAPTER 10

这一条是我最难领会、了解和运用的理念。最主要的原因之一就是：我的个性。

你做过9型人格测验吗？如果没有，是时候测试一下了。它会让你大吃一惊的。我是第8种类型的第7类，这意味着我是这个星球上最专横的一类人。我们这类人往往认为，改变自己的想法或者承认自己的不足，就相当于犯了错，是一种软弱的表现，我讨厌软弱。对于第8种类型的人来说，软弱是我们的致命缺陷。

我曾经在生活和工作中做出过一些糟糕的选择，事实证明我该更谦虚谨慎一些，应该花时间去学习。我不得不承认，我对怎样成为一个合格的企业家毫无头绪，根本不知道该怎么做。其实不知道答案，并不是无能，改变想法也不会使我成为更糟糕的企业主。

我希望你不要像我一样花了很长时间才明白这一切。只要你坚持不断地创新，你的事业就会不停地给你提出挑战。千万不要停滞，要不断学习，这才是让你的事业发展的唯一途径。十年后它不会是现在的样子。随着环境、文化和客户的改变，你也必须适应和改变。

这还意味着你会犯错，而且很多错误会在网络和你的顾客面前被公之于众。但是，这真的没关系。放下你的骄傲吧，朋友们，因为创业是对你的自负情结最好的磨炼。

当我以企业老板的身份提出一个全新的创意时，我也会感到很没有把握，觉得没有什么事情比这更不确定了。这种感觉就好像在果冻上跑步，边跑边打滑，就算跑上一整天，也跑不出几里路。我总是很担心："这样做有用吗？这么做对吗？"我的担心并不是多余的，因为我曾把很多事情搞砸过。你一样会经历这些。

创业过程中，犯错是不可避免的。但即使你犯了错，采取正确的应对方式，也可以从错误中有所收获。站起来，掸掸身上的灰尘，来一瓶红酒，然后继续前进。

成功或失败，都别停下

谦逊是让人受益终身的品质，因为在这个世界上，人们总想着把一切事情都搞懂，这给自己带来了无形的压力。有时候你得承认自己的错误，把自我放在一边，承认自己没有答案，并且需要改变想法。天啊，我太想知道所有的答案了。我想知道什么时候做什么事情是对的。我不喜欢求助别人。我真的很讨厌别人告诉我该做什么。下面这个例子就是证明。

在我 21 岁生日那天，一群朋友从菲尼克斯开车去圣地亚哥为我庆祝。其中一位是我交往了 5 年的男朋友。我们到了圣地亚哥，我和几个女性朋友开始谈论去文身。这事是我发起的，我总是去尝试刺激和有趣的事。我的男朋友立刻跳出来告诉我不要去文身，因为他不喜欢我文身。你一定猜到了我会怎样做，没错，我迈着21岁女孩子特有的步伐找到了离我们最近的文身店，随意指着墙上第一个设计图案，告诉柜台后面的伙计，把它文在我的脚踝上。随后，我脸上挂着笑容回到我们的住处，因为没有人能给我下命令。

就这样，我有了一个流星的文身，它看起来有点像是蛇和鞭子的混合体，永远地文在了我的身上。我把它叫作"我的怨恨文身"。是的，我文身是为了表示不满，因为我极度反感别人命令我。我可不是什么工具，可以供人随意驱使。

这件事已经过去很多年了，最终我和那位男士的关系没能持续下去，这中间还有其他一些原因。但时至如今，我依然认为，男生对女朋友的身材没有任何发言权。现在我已经能够接受一些建议了，也知道当别人给我发出指令时该如何反应。

同时，我正在努力不让自己成为一个顽固不化的企业主。我正在学着放下"这个我懂"的态度，努力变得更加谦虚。我需要一些比我懂得更多、能够从我的角度给我提建议的人在我身边。如今，当有人告诉我该做什么或者该怎么做时，我的内心仍然会有本能的抵触反应。不过，我已经意识到，当我拒绝接受别人时，我的工作就成了一种伤害。我需要有位良师益友在我身边，告诉我："琳赛，你是个白痴。别那么做！"或者"琳赛，你没有放眼大局来看待这件事情"。

现在，当有人愿意陪伴我，并为我揭示事情的真相时，我都会非常感激。我正在学习如何正确地处理这些。过去几年，我在区分个人价值和商业成功方面做得不错。这就是所谓的超脱（detachment），它是非常重要的。让我们花点时间谈一谈超脱。它在很大程度上是可以训练的，要以学习为目的，放下自负和受伤的感觉。

超脱意味着要学会把你的成功与失败跟你的身份和价值区分开。我很少看到女性能这样做。超脱还意味着切断你与你在网友眼中的形象之间的联系，要注意，别人的观点是别人的，与你的真实自我无关。

做到超脱有助于你接受建设性的批评或指导，这些批评与你的内在价值无关。别人的观点不会让你失去成功的事业。你需要这些批评，它会让你用自己也许从来没有考虑过的视角来看待问题。我们需要这些秉持不同世界观和拥有不同经历的人来融入我们的事业和生活。

在生活中我们需要从目标、确定性和他人的观点，到身体和精神等各方面实现超脱。这并不意味着你不在乎这些事情，只是你不需要用它们来定义你。不管别人怎么说，也不论你实现了多少目标，你都是有价值的。就像我之前说过且还会继续说的那样，做好现在的你就够了。

超脱与逃避对成功和失败的责任是不同的，毕竟，承担责任也是我们学习和成长的重要部分。但是，超脱的态度确实意味着我们不再把成败与我们作为人类的价值联系在一起，当事情没有按计划发展或者我们最终失败时，我们不再认为自己没有价值。不能用你此生得与失的总和来定义自己。**无论输或赢，你都是独一无二的。**

放下自我：承认错误是进步的开始

我们中有多少人在有孩子之前就对养育孩子发表过宏伟的宣言？没错，朋友们，我干过这件事。我喜欢问妈妈们这样一个问题：

"请告诉我,作为母亲你永远不会做的事情是什么?"以下这些事情是我曾经认为我做妈妈绝不会做的事情。回想那时,其实我根本不知道抚养一个有独立思想的孩子到底意味着什么。

1. 我绝不会让孩子穿主题人物服装。我的孩子们为了得到她们想要的东西,比如印有白雪公主头像的T恤衫时就会摆出一副可爱的样子,去央求她们的爸爸,或者在一个小时之内骚扰我264次。
2. 我不会让孩子每天看电视的时间超过半小时。哦,我是多么天真啊!有时候我需要休息片刻,以防我的脑袋像麻花一样拧起来。
3. 我不会让孩子顶着夸张的发型、穿着另类的服装走出家门。我以为让孩子们做好出门的准备是件很容易的事。但现在我知道,如果我坚持让孩子们整理好头发,穿上我最喜欢的衣服出门,那么,我们做的每一件事得至少推迟7个小时。
4. 宝宝一出生,我就会减肥。"哈哈哈哈!好的,夫人!"我身上的赘肉笑着答道。

你们听过纸尿裤公司"乐芙适"(Luvs)的广告语吧?他们的广告语是:"活着,学习,然后买乐芙适。"我们都以为自己已经弄明白这条广告的核心理念,但是直到我们真正体验,才发现现实完全不是那么回事。乐芙适的广告语其实是在说:"好吧,朋友们,去为你们的第一个孩子买那些昂贵的纸尿裤吧。你们最终会明白,不买我们的纸尿裤，你们会花费更多冤枉钱。"

这种理念不仅仅适用于纸尿裤。我们在生活中很多领域里都以为自己已经找到了答案，接下来我们会震惊地发现，原来我们不知道的事情还有很多。如果我们明智对待的话，就能通过生活和学习来应对这种冲击。我们要不断改变想法，学习新技能，继续前进。

我很喜欢马尔科姆·格拉德威尔（Malcom Gladwell）说过的一句话："做人要有责任，要在尽可能多的事情上不断更新自己的观念。如果你没有发现自己的想法自相矛盾，那就说明你根本没有思考。"

我过去常常认为，犯错和改变主意是我软弱或不明智的表现。我曾经以为如果我坚持自己最初的想法或感受，人们就会更认可我。但事实并非如此。现在我才明白，我们在生活和工作中有多无知！很多人都经历过从未经历过的情况，我们对自己所做的决定没有把握。所以在我们认为可行的办法行不通时，一定要给自己留一些改变的余地。

以为自己心中一直都有答案，所做的每个决定都正确，这样的想法和做法是让你的事业陷入困境最直接的原因。

每个人所拥有的经验和技能是有限的，想要得到有效的帮助，需要寻找那些经历过或者见识过这些事情的人们，这样才能帮助我们做出最明智的决定。能够改变主意并且愿意犯错，意味着你已经学会了放下自我，逐渐成为那种能够吸引别人的人了。

有时候我在经营管理中非常自负。我不愿意放弃自己的观点和主意，即使它们确实没用，还很不切实际。但是，通过多读书，多与优秀的人接触，我发现自己单枪匹马做的事情，远不如在别人的帮助下做得那么好，因为那些人已经见识过或者经历过那类事情。

在这个过程中，我逐渐学会了放松自我、倾听和学习。这让我更加自由、灵活了，也更加自信了。我建议你也可以这么做。承认错误，改变我们的想法，让别人看到我们的变化。这是一条能让我们化平庸为完美的道路。

站在巨人肩膀上

要登上事业的顶峰，我们需要站在巨人的肩膀上。我们可以从前人身上学到很多东西，因为他们比我们经历得更多。记住，没有人知道所有的答案，所以最好的方法是获得一些好的建议。

导师能帮助我们充分发挥潜力。没有人能不靠他人的帮助独自取得成功。以我为例，我得到过近百人的帮助。在我做妈妈以及公司"舵手"的旅途之中，导师一直极为重要。

导师能够帮助你看清事情的真相，并且帮助你踏上通往更美好生活的道路。导师有很多种。你或许很幸运地在成年后仍然能以父母为导师。你也许拥有不同的精神导师、为人妻和为人母的导师，以及学术导师。当然还有商业导师，这是我们现在要说的重点。我将重点关注两种类型的商业指导：一对一指导和大型团体中的指导。

第一类指导：一对一指导

当你与某位有经验或有智慧的人士建立一种经过周全考虑的工作关系时，一对一的指导就开始了。这种指导可以是正式的，也可以是非正式的，既可以面对面进行，也可以通过通信技术手段进行。但是，指导关系中的两个人一定是互相了解的。

你肯定不会发封电子邮件，向一位没有商业投资类专业知识的陌生人寻求指导帮助。然后问他："你愿意做我的导师吗？"我从来没有答应过别人类似的要求，也不指望会有人同意采用这种方式指导我。我认为，指导必须首先建立关系，然后才会有人愿意为我和我的成功花时间。在正规企业里，有时候的确会有正式的指导计划，但在创业界几乎不存在。

那么，怎样才能找一位愿意一对一指导你的导师呢？你可以选择找一位商业教练，并且为他们的服务付费。在成长的过程中有人为你提建议，会让你事半功倍。不过，要确保你知道自己要做什么，因为不同的项目对财务和时间的要求不同。根据我的经验，聘请商业教练，有可能是很好的决定，也有可能是彻头彻尾的失望。如果你打算花钱请一位商业教练，那就要做好调查，明智地选择该把辛苦赚来的钱花在哪里。

至于通过社交网络寻找导师，我建议你一定要避免我走的弯路。在网上寻找导师可以说是最困难的事了。我从来没有过这种念头，直到后来我创办了一家大公司。我总是觉得没有时间去接受导师的指导。我埋头发展我的事业，埋头工作而不是社交。现在回想起来，当时应该学会磨刀不误砍柴工。

时间不够并不是阻碍我寻求一对一指导的唯一理由，不安全感也是原因之一。我会问自己，那些已经赚了数百万美元、还清了债务的人们，为什么还会愿意为像我这样的人操心呢？所以，我至今也仍然没有勇气去接触我尊敬的商界人士。即使我崇拜的商界前辈就在我眼前，我还是会退缩不前。

面对自身的心理问题，我希望你能够比我更自信一些。在这里，我并不是要探讨如何接触资深导师并寻求指导，而是建议你应该有意识地与你尊敬的人建立联系，增进彼此的了解，从而获得指导和建议。这对我而言真是件困难的事，我通常会保持沉默，因为我总认为自己不能随便占用别人的时间。

坦白地说，我认为作为女性，想找一位一对一的导师会很难。我经常发现，男士们常常会为要不要担任我的导师犹豫不决。对于已婚男性和已婚女性来说，这种亲密的工作关系可能还会有点尴尬。而且，经验丰富的女性商业导师的数量也远远少于男性同行。我已经把这件事添加到我想要改变的事项列表中了。

尽管找到这样的导师可能很困难，我还是鼓励你要去努力。与那些比你经历更丰富的人建立关系。追随他们，联系他们，让他们知道你与他们产生了共鸣。不要在交流中过多占用他们的时间，但可以向他们展示你的独特视角和与众不同的观念。我相信，只要你勇敢地站出来，总会有那么一个人对你的成功特别感兴趣。

第二类指导：在大型团体中接受集中授课式指导

我对这种指导并不陌生。你要走出去，主动寻找你需要的建议。互联网是个神奇的指导来源，只需点击几个按钮，你甚至不需要认识你的导师就可以接触到一些商界最伟大的思想者，或者通过书籍、期刊和行业大会来获得优秀的指导资源。

我曾接受过：赛斯·高汀（Seth Godin）、唐纳德·米勒（Donald Miller）、珍·哈特梅克尔（Jen Hatmaker）、乔恩·阿卡夫（Jon Acuff）、瑞安·霍利迪（Ryan Holiday）、雷·达里奥（Ray Dalio）、肖恩·阿克尔（Shawn Achor）、史蒂芬·柯维（Stephen R. Covey）、丹尼尔·平克（Daniel Pink）、艾米·卡迪（Amy Cuddy）、布琳·布朗等人的指导。学习他们的商业经验就是对我的指导，而我只见过其中一位。

我阅读过他们的书籍、社交媒体上的帖子，以及他们发给订阅者的电子邮件。我还观看、收听他们的现场视频、播客和访谈节目，并且还会找机会听他们演讲。我记下了他们分享的智慧，并把对我来说有用的东西用于实践。我还特别注意他们提出的与我的信念相悖的观点，特别好奇那些曾经让我望而却步的事情。虽然他们大多数人并不认识我，但通过远程教育，我就可以向他们学习了。

2015年，我读了乔恩·阿卡夫的一本书，在他的激励下我和丈夫冒着巨大风险，把家从华盛顿的西雅图搬到了盐湖城。当时乔恩甚至都不认识我们，就引领我们做出了这么大的决定，并且赋予我们做出这个决定的信心。这个是我们冒过的最大风险之一。我们只在盐湖城住了一年半，在那段时间，我与同事们建立了良好的人际关系，我的事业提升到了一个新的水平。这一切都多亏了乔恩愿意花时间将他的创业理念推广到全世界。

我永远感激他的指导，因此我也希望能够努力分享自己所学的知识，以同样的方式帮助别人。即使导师无法跟你见面，他们也能改变你的人生和事业的进程。

机会来了,那么也帮帮别人吧

在通往成功的道路上,找到一位导师是很重要的。同样地,成为他人的导师也很重要。为了对未来的企业主产生影响,我们应该乐于分享我们的经验,把我们学到的东西教给他们。但这需要正确的时机。

在我的职业生涯中,曾经有一段时间,我完全没有多余的精力来顾及自己公司之外的其他事情。为了实现一些宏伟的目标,我疯狂地工作,把自己的注意力几乎全部放在组建团队和帮助客户上。除此之外,我家里还有3个小孩和1个经常加班的丈夫。在那个时期,我几乎忙得团团转,根本没有精力去当谁的导师,也没有精力去指导谁。我相信那时专注自己的事业是正确的选择,对我和我将要指导的人来说都是如此。

我需要你相信,你在专注地发展自己事业的同时,也有机会帮助别人。但时机还不成熟时不要对此有任何的负罪感。指导他人是一个严肃的承诺,时机必须正确,而且你还必须对帮助他人发展事业真正感兴趣。没有这一点,导师就无法发挥作用。

将学到的东西传授给别人的时机总会到来。对我来说,这个时机已经来了,我已经做好了准备。我通过创作的内容来指导追随者。我对此很感兴趣,并且愿意帮助他人成长,因为我们之间已经建立了指导关系。我知道,我担当导师角色的时候终于来到了。因为我现在有了更多的精力,我的内心已经发生了转变,从起初的只想着发展自己的事业转变为一种强烈的、希望能够帮助他人发展事业的愿望。

记住,当你担当他人的导师时,你可以采用的方法很多。如果你不喜欢某种指导方式，就不要把自己局限在这个范围内。我的一位好朋友是位杰出的发明家和企业家。他正在一对一地指导一位客户，但当我问他是否喜欢时，他说："不，不太喜欢，我可能不会再这样做了。"他宁愿把时间花在指导他的直接下属上，也不愿指导不同领域的客户。

你也可以做出像他那样的选择。这是你的事情，你的生活，你的选择。去做对你有意义的事吧，但是如果有一天，你觉得有必要帮助另一个人走向成功，也不要对这样的机会视而不见。你能帮助他成长，你自己也会从中受益。

想成长吗？对挑战和创新说"OK"

你还记得自己工作的第一天吗？我记得。我16岁那年，在亚利桑那州坦佩市一家名叫"另一颗珠子"的珠宝店找到了一份工作。这是我人生中第一次不得不自己掏钱给汽车加油、买保险，还要负担我年轻时认为自己必须买的一些"愚蠢"的东西。我在珠宝店的工作是帮助顾客、清理东西、整理珠子，与当地艺术家开展头脑风暴，以及举办孩子们的生日派对。

我喜欢这一切，这是完美的第一份工作。但是，第一天我很紧张。我的手心在冒汗，担心自己记不住太多东西。就算是学习如何用几颗珠子和一些金属丝制作首饰，我也得摸索着做，更别提第一次使用收银机了。我当时在想：这不是我的强项，我永远也做不到这一切。

然后，慢慢地，我习惯了珠宝店的工作方式，明白了如何更好地服务客户。最后，我甚至能够独自负责那家店的经营了。但每当我开始新的工作，履行新的职责时，第一天上班时的那种紧张感就会一次又一次地袭来。我在凤凰城大学工作的第一天，经理在我身边旁听，我接到了一些想报考大学的学生打来的电话，当时我紧张得都快吐了。当我第一次和我的文稿代理人通电话时，我也几乎快哭了。

第一次都是这样，对机会或者新事物说"好"，就是这个样子。它会鞭策你、教导你。接受新事物，也意味着你还有大量的成长机会。

如果你想成为一位成功的创业者，就必须对正确的事情说更多的"好"。假如有机会和你喜欢的人坐下来喝杯咖啡，那就答应吧。要对你感兴趣的事情说"好"。对那个想要买你的产品的人说"好"，即使这意味着你要走出自己的舒适区。

只要你有时间，任何地方都适合学习；如果你没有时间，那就挤出时间来学习。分轻重，列出你需要优先处理的事和你当天要做的事情，然后给自己留点时间学习。不要害怕，给自己一点压力。当我们决定亲自动手，累得汗流浃背，并且心里不确定自己是否能够完成某件事情时，我们才能够学到更多的东西。

不断地对新的创意、新的可能、新的机会、新的建议说"好"。多读书，每年参加几次行业大会，和那些能鞭策你提高水平的人在一起。搜寻那些能够指导你的人，主动去做些有挑战性的事情。

如果你想不断地成长，那就要永不停歇地学习、学习、学习。

Boss Up!

第 11 章

财富跃迁第八课:
坚持初心,与创业理想建立
深层联结

CHAPTER 11

不久前，我组织自己企业内的 100 名管理人员参加了一个关于提升领导力的活动。我发现，许多和我一同工作的女性就是搞不清楚她们为什么总是想要更多的东西。这的确是一个沉重的问题，需要大量的内省和自我认知才能找到自己存在的理由，特别是当妈妈这个身份占据了我们生活中太多空间的时候。

我浏览网上的视频，试图帮助这些女性了解她们喜欢做什么。我想帮助她们找到自己的热情与技能的交集，这样就能帮助她们找到自己职业生涯中真正有意义的事情。在我寻找的过程中，我看到过一段视频，视频中谈到了"ikigai"。

据说 ikigai 是一个日本词汇，意思是"那些让你每天早晨愿意起床的东西"或者"我们生来就要做的事情"。它促使你去做那些你正在做的和想要做的事情。

这个定义让我的脑海里突然闪现出了节日彩灯和烟花，还有一边跳舞一边聚会的场景。我想：是这么回事！这就是让我每天早晨愿意跳下床的东西,我创业的基础和目的。这也是我们很容易失去的东西,因为它深埋在我们的大脑和心中。

每个人的生命意义都是由以下 4 部分组成的:我们擅长的、喜欢的、这个世界需要的,以及我们能心甘情愿掏钱买下的东西(如图 11.1 所示)。它独一无二,来自我们内心深处。不管我们的文化背景对生命的意义持什么样的观点,都没有对错之分。它是我们自己的"东西",是帮助我们的人生航船扬帆远航的"东西",是我们关心的和想要做的事情背后的原因,也是我们每个人在生活和工作中必须探索的"东西"。

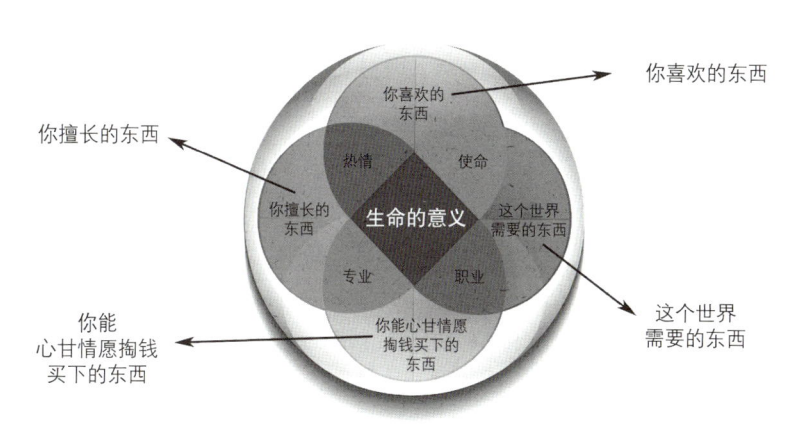

图 11.1 生命的意义在哪里

不同文化背景下的人们对生命的意义会有不同的理解:我生命的意义并不是抚养我的孩子。我爱我的 3 个女儿胜过生命中的一切,她们给我的人生带来意义,这是其他任何事情都无法替代的。但是,她们不是我早上起床的原因。让我每天早上从床上爬起来的原因,是我希望用一生来做的事情，包括写作、阅读、制定策略、指导，以及探讨女性创业。将所有这些结合起来，这才是我的动力。一旦我开始做这些，我的丈夫必须要用"紧急停止"的按钮，才能让我停下来。我不停地工作，是我和他争吵最多的原因。我没在做这些事情的时候，也会想着它们，因为我真的喜欢。

成为创业者是我人生的意义。我在这个领域既充满热情，又很有才干。我还可以为需要帮助的人提供支持，并能因此获得报酬。我人生的意义包含了我的热情、使命、专业和职业，你的呢？

你生命的意义是什么？

在你确定自己的人生目标之前，我想提醒你，你的人生意义并不建立在另一个人的幸福或爱的基础上。作为妈妈，我发现我们都有一种献身倾向，因为那是习惯性的，也是社会接受、认可的。我们很容易表现出，我们所做的一切，都是为了孩子。我也经常这样，但这不一定是真的。对一些妈妈来说，养育孩子是她们的人生意义。不过，这并不适用于所有的母亲。

朋友们，你们人生的核心应该是你自己。如果你的公司完全以你为核心，你不必为这件事感到担忧。热爱你的职业，并不会让你成为一位差劲的妈妈，只会让你更有效率、更充实。

我不得不告诉你，我花了很长一段时间才足够了解自己，认识到自己的价值。创业的念头一直深深地吸引着我，于是我 20 多岁就开始创业。但是，我从没考虑过自己为什么没有做我的朋友们都在做的事情。作为一名自由职业者，开始我的剪贴簿业务时，我的很多朋友都在四处递送简历，试图在公司的职业阶梯中一步一步往上爬。当这些对我都行不通时，我就踏上了预料中的人生道路：创业、结婚、生子。我刚开始创办自己的公司时，一切都是在摸索着前进的，即便现在我的人生阅历已经丰富了很多，我还是不知道是什么驱使我做了之前的那些选择。要知道，单纯以业务为基础来创办的公司，并不稳固。

换句话讲，自我认知和自我发现，通常需要多年的时间慢慢建立起来。所以，当你试图弄清楚你生来要做什么，或者是什么在驱使你时，要对自己有耐心。如果你像我一样，总有一天你能发现这些东西一定会改变你。

谈钱不俗，有目标才有动力

我刚开始创业的时候，并没有意识到目标与热情是有区别的。我经常听到，人们在回答"你创业的原因是什么"这类问题时会说，"我喜欢帮助别人"或者"我热衷于亲手做一些事情"。这样回答问题的人，很容易沦为那种饥寒交迫的艺术家。诚然，业余爱好是很有趣的事情，但它缺乏取得成功或留下印记的动力。如果你没有将你的热情与更宏伟的目标联系起来，那么，当阻力或者困难出现时，你就会很容易停下脚步，然后放弃。

我有一个朋友热衷于创新，喜欢和别人交流。问题是，她除了喜欢做这些事情之外，并没有其他的目的。她没有目标，也没有动力去追求卓越，在遇到困难时缺乏继续努力的韧劲。因为她不清楚自己行动的深层目的，因此她很有可能放弃追随自己的梦想。

她的目的可以是运用自己的天赋和技能，或者利用自己的热情来发展的事业，以便支付孩子的大学学费。也许这样，她就可以和家人一起实现梦寐以求的旅行。没有目标，热情很容易在逆境中消逝。

正是因为如此，许多想成为企业家的人会从一家光鲜亮丽的企业跳槽到另一家同样光鲜亮丽的企业，却始终没能成长，也不具备度过艰难时期所需的毅力。为了找到一条路并坚持走下去直到成功，他们需要更好地理解如何将自己的热情与目标联系在一起。

他们需要理解人生的意义。

为什么早起？

你到现在还没有找出鼓励你每天早晨从床上爬起来的原因吗？没关系，这很正常。大多数人和你处境相同。这里有几个问题有助于你仔细思考，找出驱动你每天从床上起来的动机，同时也有助于将你的热情与目标联系起来。

我发现，对我来说，解决这类事情的最好的方法是和亲近的、了解自己的人谈一谈。另一种方法是以意识流[①]的方式写日记。试着运用这些技巧来回答下面的问题。不要担心语法或标点符号，马上开始写。像剥洋葱那样，不断地剥开每一层。首先从回答这些问题开始：

[①] 意识流是指一种文学流派，泛指注重描绘人物意识流动状态的文学作品。意识流文学是现代主义文学的重要分支，主要成就局限在小说领域，在戏剧、诗歌中也有表现。

- 💎 你想做什么?
- 💎 你怎么做?
- 💎 为什么做?

在此基础上,我们再深挖一下:你能找出生活中标准角色之外的自己吗?也就是说除了做妈妈、妻子、员工、女儿和朋友,你还能做什么?

- 💎 发生什么事情,能促使你下定决心要创业?
- 💎 什么能让你对自己创业感到兴奋?
- 💎 你创业的目标是什么?
- 💎 当你达到了自己的目标时,会有怎样的感觉?
- 💎 在你看来,怎样才算创业成功?
- 💎 如果你失败了,会是什么感觉?
- 💎 发展你的事业有什么意义?
- 💎 你希望给世人留下怎样的传奇?

我希望你能不断地追问自己,直到找到答案。这需要你<u>投入感情,深刻剖析自己为什么要为实现梦想付出一切,不断地追问自己直到你会热泪盈眶</u>,我就曾经被问得泪流不止。到那个时候,你就会知道,你已经找到了人生的意义。

正如我提到的那样,我的人生意义之一就是鼓励和促进女性创业。我想改变女性对自己拥有事业的看法,我想改变这种文化氛围,让创业成为现实的、可行的、令人兴奋的选择。

就工作而言，这些天来我所做的每件事，都与我早上起床的原因直接相关。我知道这需要做大量的工作，并且全身心投入。但我愿意这么做，因为这是我每天都在思考的事情。我相信这是我人生目的的一部分，也是我做这些事情的根本原因。我相信利用创业积累的经验和技能，我就可以通过企业所有权和领导力来影响其他女性。

我的朋友艾莉·爱德华兹 (Ali Edwards) 是一名设计师、作家和女性创业者，她特别喜欢将故事和图片联系在一起。我看到她创办了一家很大的企业，吸引了庞大的粉丝群，人数之多令人震惊。她借助这个平台帮助其他女性讲述她们的日常故事。

她的目的是创造产品，如期刊、工作簿、剪贴簿、励志材料等，激励女性以新的、创造性的方式记录并分享她们的故事，同时还能给她们的孩子留下生活的记录，记下她们日常生活中的小细节，并且与她们关心的人加深联系。

通过做自己喜欢的、认为重要的事情，艾莉如今完全能够养活一家人。她讲述自己真实的故事，描述自己的艰难时刻和辉煌时刻，以此鼓励女性。艾莉的热情、目标和事业，总是提醒着我去寻找什么才是人生中真正重要的东西。她发现了讲故事以及保持记忆的重要性。她把寻找人生的意义变成了奋斗的力量，最终取得了成功。

那么，你准备好描述自己的人生目标了吗？如果没有，没关系，你会找到的。一旦它开始在你的脑海中浮现，我希望你尽快把它写下来。想一想我们在前面讨论过的内容，写下你对这个基本问题的最佳答案："你每天早晨从床上爬起来的原因是什么？"

1. _____
2. _____
3. _____

分享，也是一种收获

仅仅知道你为什么要创业是不够的。现在你必须要分享它，这对一些人来说更加困难，可能需要你具备足够的勇气面对客户、员工或团队成员。你越能够清楚地解释你的公司存在的原因，就越容易赢得客户的信任和消费，从而让客户更加肯定你，推动你朝着目标前进。

思考你为什么要做你现在做的事情，并且和他人分享这种思想，是非常重要的。它能让你与生活更深层次的意义保持联结，帮助你渡过艰难时期。我们都渴望获得鼓舞，渴望做成一番比我们想象的更伟大的事业。我们喜欢化理想为现实，也喜欢改变我们的生活。这是人类的独特之处，也是分享这一举动充满力量的原因。分享"为什么要创业"，有助于激励追随你的人，这也会给他们的创业理想树立信心。通过你的成功分享，他们会明白下面这些事实真相：

我和你一样。
你和我一样。
我们都一样。
我们是一个群体。

这些事实会帮助你们组成一个群体,这个群体能帮助你从糟糕的日子中解脱出来,并且用超然的态度对待群体之外的人们对你的评价。拥有爱你和支持你的人是事业和生活成功的必要条件。没有他人的帮助,你不可能取得事业成功。

不过你得先迈出去。你必须弄清楚你为什么在这个时候选择这个行业,然后和所有人分享这一原因。涉及你的事业时,应该先让人们了解你内心的想法。

如果这吓到你了,我能理解。我也害怕,我倾向于把内心的柔软都藏在一堵铁墙后面。在那里,我不会受到伤害。但那不是我生活的全部。如果你想干大事,就得冒大风险。

有一群人会站在你这边,那是你的粉丝。他们在等着你现身,等着你全力以赴。所以,开始动起来吧。讲讲你都做了些什么,讲讲你的产品或服务背后的故事。谈谈你走到今天所经历过的困难。你在谈论你所做的事情时,不要担心自己变得情绪化。

毕竟,你在做你生来就该做的事。

Boss Up!

第 12 章

财富跃迁第九课:
为你的创业
做好长期、全面的规划

CHAPTER 12

迈克尔和我去年被州政府审计过两次。在几周时间里,我们收到了两份通知,我们被告知,我们的纳税情况要接受调查。没有什么比需要接受审计更让人觉得倍受打击的了。但是,当我花了一段时间将我们的公司真正当成一家企业来对待,并且只是把审计当成一件有些烦人的事,而不是一场灾难的时候,我感觉好多了。

我的公司刚起步时,我很快就发现自己是多么的没有条理,而当我掌管公司的时候,收据、税收和法律变化等现实问题往往被我搁置一旁。我总是忙于别的事情。大约 6 个月后,我发现我必须要做财务和法律方面的事情了,但我不具备做这些工作的资质。我就是不想整理收据,也不喜欢对公司的事务做记录。所以,我很快就明白了我得聘请一位会计来帮我。

我就是这样开始将我的生意真正当成一家企业来对待的。我知道,如果我不愿意做公司的后端业务,就得找人来帮我做。我不能永远都不重视这些事情。所以,我聘请了一位非常好的会计,还说服了我的丈夫辞职来帮我管理这家刚刚起步的公司。

如果我继续忽视那些我不喜欢的事情，我的公司可能就会垮掉。我也可能会由于税务问题蹲监狱，因为整理收支账单不是我的强项。这是迈克尔最擅长的。我和他配合得很好，他在做这些的时候，我经常会在一旁发出赞叹。

我知道许多创业者努力把公司事务当作生活中严肃而重要的部分。这不仅仅是一种爱好。我们做的事情，并不只是出于好心，我们渴望将我们的产品或服务推向市场，并使它们能够赚取利润。你的事业对你非常重要，你得认清这个事实。

我见过很多女性对自己的事业不屑一顾，认为这是一个打发时间的游戏，而不是一件需要付出努力的事情。我想知道她们是否会觉得自己的这种做法很傻？在公司创建初期，不付出时间和精力，认为这只是打发时间？如果你穿着正式制服，拿着计时工资，你还能对工作不屑一顾吗？我敢说不会。

我认为，我们应该认真地对待居家创业工作。虽然你可以捧着一碗麦片、不刷牙就开始工作，但你也同样要用严肃的态度去对待工作。

它是真实的。

它是你自己的。

认真对待它是值得的。

第一条原则，是要确保自己赚钱

谈论金钱可能会非常尴尬。我发现女性很难开口谈论金钱。因为她们对创业还很陌生，一旦她们的生意能顺利地成为人生的一部分，她们就会意识到金钱对女性创业者来说有多么重要。

有一些人认为工作赚钱在某种程度上并不是一件高尚的事情，如果我们工作赚钱是为了过上不同的生活，那仿佛是在做坏事。但是那些人却认为，有一份固定的薪水是一件不错的事情。我不明白，这两者有什么不一样？我想十分明确地讲出我的观点：做生意就应该赚到钱！否则我们就应该叫它"业余爱好"。

想在公司的生意中赚钱是可以的。想在公司的生意中赚大钱，也是可以的。钱本身并没有好坏之分。只有当我们把钱视作唯一重要的东西时，它才会变成坏事。正如我最喜欢的牧师斯科特·尼克尔（Scott Nickel）所说："当一样好东西被你当作人生中最重要的东西时，它可能就成了能左右你人生的坏东西！"钱也是这样。

你之所以有创业的想法，是因为你想满足人们的需求，帮助别人，为自己创造一个有回报的职业。你希望自己有能力对生活中任何你觉得重要和必要的东西说"好"或者"买"。即使花钱也无所谓。赚钱是件好事，它将使你具备一种为你自己，为你的家人，也为别人做一些了不起的事情的能力。

在生意上，我的第一条原则是确保自己赚钱。因为你必须为工作付出时间。如果你的公司负担不起你的薪水，那你不必一开始就给自己全薪，但你得为自己准备一些东西。**不要成为一个做生意不赚钱还自命清高的人。**这不是高尚，这只会暴露你的商业计划有多么糟糕。

迈克尔和我在钱的问题上达成了共识，我将尽我最大的努力使公司正常运转，我必须挣足够多的钱，才能让我远离家人的时间变得有意义。如果不能在经济上有所收获，我更愿意花时间陪伴丈夫和孩子们。后来，当迈克尔要辞掉朝九晚五的工作时，我们设定了一个财务目标，为了实现这个目标，我们会共同努力。

永远不要忘记，赚钱是创业的首要目的。你做的事情并不是为了自我表现，或者做善事，尽管这些可能是你坚持创业的一个因素。但是，你必须有一条底线，否则无法创建一家能够长期发展的公司。

完善财务管理：让公司合法、高效地赚钱

作为一位真正的创业者，另一个重要的部分是花时间处理你的财务问题，妥善保护自己和公司不受未来风暴的影响。如果你不擅长，那就需要一群优秀的人来帮你。下面几个小节将详细介绍在创办公司时需要考虑的一些事情。如果不严肃对待这些事情，后果不堪设想。

税务、会计和出纳

在我擅长的事情中，按时支付账单绝对不在其中。我经常会忘记这件事。让我来解释一下我的大脑是如何工作的。头天晚上我在工作日程表上安排一个会议，好让我第二天早上看到这个提醒，然后在会议开始前一个小时再次看到它。但是，假如我已经一头扎进了自己的工作中，没有在会议开始前看到这个提醒，那么我就会完全忘记事先安排的会议。当我的大脑真正开始投入工作时，我通常会完全忘记其他的一切。我的员工和我丈夫现在知道，如果日历上有什么事情，他们得在最后一个小时里至少提醒我7次，我才会记得这件事情。他们

了解我，知道我会在工作时忘记周围的一切，等工作结束之后，我常常会对自己的记忆力感到烦恼。

我就是这样，不擅长按季度报税和整理收据，但对于一个拥有企业的人来说，这是必须要做的工作。因此，我说服我的丈夫辞掉全职工作，雇他来帮我管理我们的公司。我觉得，嫁给了一个能够做这件事的男人，是非常明智的。

如果你没有这样一位"贤内助"可以随时帮助你处理报税和其他复杂的企业问题，就不得不学习如何自己去做，或者找一位专业人士来帮助你，最有可能的是你需要两者同时进行。即使你有一位"贤内助"，我还是建议你找一位专业人士。聘请一位你真正信任的会计师或注册会计师来帮你处理报税事宜，以便尽可能多地为自己省下钱，并把所有应付的账款处理妥当。制定一个确保你在遵守法律的同时帮助自己成功的规划。

即使你已经在和专业人士一同工作，让自己了解如何创业，也不会有什么坏处。一些优秀的书籍可以帮助你了解哪些支出可以节省，哪些则是一定不能省的。在我第一次开始处理税务事宜时，伯纳德·B. 卡莫罗夫（Bernard B. Kamoroff）所著的《针对企业和个体经营者的 475 项税收减免规定》（*475 Tax Deductions for Businesses and Self-Employed Individuals*）对我帮助极大。当你把数据交给会计之前，最好能问问他有哪些规定可以帮助你在这一年中合理避税。

迈克尔和我找了一位世界上最好的会计师之一，他的名字叫帕特里克（Patrick）。从一开始，他就成了我们公司不可或缺的一部分，那时我和迈克尔还没有钱。帕特里克对自己的生活和工作有着与我和迈克尔一样的价值观和信念。我们非常喜欢和帕特里克的会计师事务所合作，我觉得帕特里克也喜欢我们白手起家创业的故事。我希望他能永远都不退休。

随着公司业务的增长，迈克尔和我聘请了帕特里克公司的一名员工帮我们记账，这样我们就可以把所有的财务收支集中处理了。帕特里克了解我们所有的副业，在我们首次涉足这些新领域时，他对我们的帮助是不可估量的。

说到我们的税务申报，帕特里克简直是上天赐给我们的帮手。当我们收到州政府的审计通知时，帕特里克帮我们处理好了所有的问题，然后又仔细审阅了过去几年的报表，以确保一切准确无误。有一次他发现自己算错了账，就立即打电话向我们承认错误，并准备自己承担那笔税款。就在第二个星期，我们收到了一个信封，里面是一张16 000美元的支票，那是他用来替我们偿还失误的钱。帕特里克要替我们承担这笔税款。我们当场撕毁了那张支票。帕特里克不应该替我们支付税款，但那一天，他确实赢得了我们的信任，让我们成为了他的终身客户。

我希望你也能找到这样一位更关心人而不是钱的注册会计师。和这样的人建立良好的合作关系，让他来引导你，这会使一切都变得不同。

合同

随着企业的发展壮大，你会发现很多工作需要特定的技能和大量的时间，你也许既没有这样的技能，也没有足够的时间，但你一定能接触到拥有这些技能或时间的人。你可以聘请他们来帮你减轻负担。但是,聘请帮手时你要准备好合同。一定要在合同中写明你要付多少钱,他们要做什么。每个细节都应当包含在里面,这样才能明确你们双方的责任和权利。

你可能会说:"但对方是我哥哥,我们之间不需要什么合同。"

不,你需要。

"但是我的朋友要帮我,让她跟我签合同,会让她觉得很奇怪。我还需要让她签吗?"

是的,需要。

签订合同也许会让你感觉很不舒服,我也一样。你认为你们本来应该互相信任,现在却要通过合同相互约束,这也会让你感觉很不舒服。你肯定不愿意向一个你信任的人出示一份似乎在说"我不完全信任你"的文件。

但不管什么时候,无论什么人,都要签合同。你可以请律师帮你搞定一切,也可以上网去下载一份。我不在乎合同来自何处。但是,在你和任何一个将要为你工作的人交换哪怕一分钱或者一分钟之前,必须先签合同。保护你自己,保证你们的生意做得明明白白,接下来,希望你们永远都不需要再看到它或使用它。

你会惊讶地发现,<u>如果没有合同,一些你信任的人会开始只想拿钱,不想干活</u>。你可能还会惊讶地发现,对你来说,占那些为你工作的人的便宜是多么容易的一件事。

合同同样也是为了保护他们!因为这些事情,许多的朋友和家人与我形同陌路,而我也要为没有让他们签合同而承担责任。合同的全部目的是维护而不是损害双方的关系。

你可以不喜欢吃羽衣甘蓝和蔬菜沙拉，但不要拒绝合同。

律师

刚开始创业时，你不一定需要聘请律师。不过，随着公司的发展，你就需要找一位律师了。

迈克尔和我首先请了一位律师来帮我们起草一份遗嘱和信托协议。目前只有 42% 的美国人立过遗嘱。这意味着超过一半的美国人没有计划好死后如何处理他们自己和他们的钱财。

想想你或你的伴侣死后会发生什么，这并不是一件有趣的事情，但我可以向你保证，如果不做好计划，那么这可能是你犯下的最糟糕错误之一。这会留下太多的不确定事项，也会给活着的人留下太多要做的工作。

当你已经不在这个世界上时，别留下一些未解决的纷争，使得你的孩子或家人为了你的事情或财产争吵不休。想好你去世后想要怎样处理你的钱财。给自己立一份遗嘱，写一份信托协议，可以更好地保护你的资产。只需花一个下午的时间，你就可以和你的配偶一起回答一些超级尴尬的问题，比如，你预期你们什么时候离婚，这会不会花掉你一大笔钱等。我保证，你需要做好这些计划。

去找一位遗产规划律师，把遗嘱和信托协议写出来。制订一个计划，万一发生了什么事，你的公司该怎么办？想清楚后，用白纸黑字写下来。

投资

你有责任为你的公司和家庭赚钱,也有责任为将来做好计划。退休后你将靠什么来生活,必须由你自己来规划。这里再说一次,在这个问题上,我并不是专业人士。我了解的那点儿理财知识还不足以处理好我和迈克尔退休后所需的钱财。我建议你请一个财务规划小组或投资专家来帮你决定,为了实现增长,应该将你的钱财放在什么地方。

为了达成共识,我们已经不止一次与财务规划师和注册会计师沟通了。我们正在考虑为了退休后能一同环游世界,和我们的家人一起享受美妙的旅行,应该买什么样的交通工具。

第一步应该是找一位理财规划师来指导你。下一步是和你的伴侣一起,规划你们退休后的那段黄金岁月。

保险

优秀的保险代理人会及时回复你的电话,并在你需要的时候帮助你。想知道他对你的价值有多大?你可以计算一下他的体重折算成黄金的价值。你也许已经为你的家庭、汽车、生活和健康买了保险,但你得好好考虑一下公司的保险。你当前投保的保险公司可能会帮你解决这个问题,或者为你介绍合适的保险公司。

你可以通过购买保险来保护你的公司,包括公司的设备、汽车、仓库、办公室等,一旦发生了任何事故,比如发生意外,或者有人想要起诉你,保险都会为你提供保障。许最好的愿望,做最坏的打算。

你不必孤军奋战

我第一次开始在家创业时,我丈夫正在西雅图做一份全职工作。我非常确定,他每天下班回家进门时脸上的表情都十分有趣。他会惊恐地发现我们的女儿们正在客厅里一边玩着刀和药片,一边吃着儿童套餐;而我一边啃着芝士汉堡,一边紧盯着电脑。

我不是说我做得对,我知道这样不对。我当时对创业需要付出的时间和精力还没有做好准备,但我知道我已经迷失其中。我非常喜欢它,并愿意为它牺牲几乎所有的时间。当时我还没有真正了解这一切是如何运作的,也没有坐下来和我丈夫谈过这个问题。

我不想撒谎,如果有人组织一场看谁更顽固不化的比赛,我和迈克尔很可能夺得第一名和第二名。我们俩展开了大规模的"战斗",在我开始创业的时候,我们之间的每次"战斗",我都记录在案。他希望一切都回到我"工作"之前的样子。而我希望能够在经济上为家庭做出贡献,用我的能力做一些事情,而不是整天不用梳头,待在家里。

在接下来的几个月里,我们为此争吵不休,因为对方不理解自己的感受而沮丧。迈克尔对我开玩笑,我则对他十分生气,接下来,我们展开了漫长而艰难的"冷战"。因为我们在婚姻关系和家庭状况的一些基本问题上意见不一致。

回顾过去,我本该做个更通情达理的妻子。毕竟,是我自己改变了主意,不想再做3个女儿的全职妈妈了。但他也毫不让步。所以我们陷入了僵局。

6个月后，我认真地对他说，我们俩真是超级固执。最后，等我们心平气和的时候，我们找了个地方坐下来讨论我们之间正在发生的事情。

迈克尔承认，我要去创业让他觉得自己没有做好工作。听到这些，我感到难过，因为这根本不是我创业的原因。我承认，整天待在家里和孩子们在一起，我没有成就感。在孩子们玩耍的时候，我总是像躲避传染病一样离得远远的。听到我这么说，迈克尔也感到很难过，因为我创业占用了我所有的时间，他担心我的心里再也没有孩子和整个家了。接下来我们俩都哭了，因为我们真的爱对方，希望对方得到最好的。我们一直都是糟糕的沟通者，吵得越多，情况就越糟糕。

最后，我们相互妥协：他下班回家后接管孩子们的事情，而我则在没有工作和电话的情况下，周六早上给全家做早餐。他给了我一些空间，让我能像对待正规的生意那样对待我的事业。作为一位母亲和妻子，我更清楚他需要我做什么。我们新达成的协议一直有效，直到一年多以后，我才说服迈克尔辞去工作，加入我的公司。谢天谢地，他答应了。没有迈克尔的支持，我不可能成功。如果没有他，我甚至不知道如何进入我们的"创业"房子，因为我没有钥匙。他什么都会，而且总是出现在我需要他的地方。

你的婚姻也是如此，**你得和你丈夫谈谈。这是成为女性创业者重要的一步。没有家人，尤其是丈夫的支持，你根本无法投入必要的精力。你的伴侣可以成就你的事业，也可以毁了你的事业，所以，试着一同探讨你们之间的问题是值得的。** 如果有必要的话，还可以找个心理咨询师来调解你们的对话，但你们都需要表达自己的感受，以及自己想从生活中得到什么，尤其是在面对变化的情况下。

当然，所有这些都适用于有孩子的已婚女性。如果你是单身母亲，或者只是单身，你的情况就会有所不同。不过，许多相同的原则也适用于与年纪稍大一些的孩子、其他家人、前配偶以及朋友们一起解决问题。

在前面几个章节，我们讨论了生活的意义。如果你的配偶或伴侣还不知道这是什么，那现在就是时候分享了。敞开你的心扉，直面你的感受，并且清楚地表达出来。向配偶或伴侣寻求支持，就像你想支持他们的事业一样。分享你对公司的愿景，以及你对未来的规划，并让他们知道你为什么想要那样。

几乎不可避免的是，你的公司将改变你和配偶或伴侣一同工作的方式，这可能会改变你们要优先处理的事情。这一点很难把握。但是，你要尽最大努力，让爱和交流保持活跃、开放和流畅。

如果你的伴侣是家庭的经济支柱，而且这个角色对他们来说很重要，那你就不要用贬低他们贡献的话语来描述你对创业的渴望，这一点真的很重要。想象一下，如果有人对你管教孩子的方式提出质疑，你的戒备心会变得有多强。不要让你的配偶或伴侣觉得你是因为他们做得不够好才要创业的。

同样的道理，你是家庭中的一员，你有想要得到的东西，有权利追求自己的梦想，这是可以的。你的职业和你的配偶或伴侣的职业一样重要，即使你还没有能力支付账单。勇敢地提出你想要的东西，并说出你的理由。

财智悟语

我发现，大多数用数据和事实讲道理的女性，在与配偶或伴侣谈论自己的生意时，都获得了很大的成功。如果你的配偶或伴侣善于分析，你就得先准备好一些事实和数据，再和他交流。我在告诉迈克尔我认为新创办的公司能为我们带来多少收入时，花时间在一张餐巾纸的背面做了一些数学计算，接下来，我坦诚地告诉他我的感受，以及我需要从他那里得到的东西。这次交谈成了我们对待创业这件事的转折点。事实与感情相结合，缺一不可。

创业精神是什么？克服恐惧、勇往直前！

大多数人都在意别人对自己的看法。正因为如此，很多人会对走出家门去创业的想法感到害怕。

创业过程中，我们经常会听到一些令人不开心的话语。令人震惊的是，这些话很可能来自你最亲近的人。他们随时都有可能对你的创业行动开几句玩笑，翻几下白眼，跟你的朋友或家人一起发表一些令你难堪的评论。我听到过这样的话，这样做真的很伤人。

这时，你也会对自己的创业行为感到恐惧。这种复杂的感觉像是兴奋和恐惧的混合物，它会从你的脚趾开始，慢慢地爬遍全身，直到完全吞没你。

我有一个堂兄名叫亚当（Adam），是一位优秀的商人和发明家。他是一个兼具创造力和实干精神的人。他曾创办过很多不同的公司，现在正在发展他新创办的名叫板材和磨房（Plank & Mill）的公司，这家公司生产颗粒板，就是用黏合剂把木材的边角料重新制成的板材，供人们制作手工家居用品。

我亲眼见证了亚当花费大量时间、精力，制定策略打造自己的每一家公司。但是，当我听到我的另一位家人评价他说："亚当为了不去找一份真正的工作，宁愿做任何事情。"我和我丈夫面面相觑，眼球都快从眼眶里跳出来了。

亚当对此一笑了之，创业者们的疯狂是出了名的，相比每周在自己的公司中工作100个小时，他们会觉得在别人的公司里中规中矩地工作40个小时更可怕。那时我才意识到原来创业精神真的会让有些人感到害怕。人们开一些小小的玩笑或者说几句看似轻描淡写的话来打击创业者，是因为害怕我们的创业梦想令他们朝九晚五的工作和生活方式黯然失色。

亚当成年后，工作一直极为努力。他四处奔波，向人们面对面地推销自己的产品或服务。他经历了风险，付出了代价。他失败过，最终获得了成功。他不惜一切实现他的梦想。换句话讲，人们的风言风语，改变不了他的认真与努力。

后来，我学到了一些关于大脑是如何运转的知识，这让我对那些想取笑我们的人多了一点宽容。瞧，我们仍然跟以前住在山洞里的群居动物一样。穴居人靠什么生存下来？当然是靠团体。如果你有8个人，你们对付一头熊取胜的机会当然就要比弗兰克一个人拿着长矛和熊搏斗取胜的机会大得多。弗兰克要拉一些人来组成一个团体，才有可能生存下去。

223

如果，当我们团体中的某个人开始不安分地四处走动时，会发生什么事呢？我们会大喊大叫，会感到惊恐，会尽我们所能把那些想法疯狂的人拉回正轨。我们的大脑深处隐藏着这样一种观念：如果我们想要生存下去，就必须让那个人跟我们在一起。来吧，弗兰克，熊就在那里，我们需要你和我们在一起，而不是到处去卖你的小玩意。

问题是我们的环境已经变了。除非你是阿拉斯加电视真人秀节目中的一个角色，否则根本不必担心一头大灰熊会把你当作午餐吃掉。但是，即使我们所处的环境不同了，我们的潜意识也没有改变多少。

你可能已经发现，你的女性朋友们就是这样对待你的。如果她们都是全职妈妈，而你开始有了创业的想法，你也许会听到她们议论你，而且是不怀好意地议论你。你的朋友们并没有意识到，是她们的大脑在欺骗她们，让她们产生了一些负面的、可怕的情绪，而我们人类曾经需要这些情绪才能生存。她们的大脑认为，出去创业存在巨大的危险，甚至她们还没有理解自己为什么会对你的人生选择感到害怕，就试图把你拉回"正常"状态。我们就是这样被设计出来的。我们的环境已经进化了，但大脑没有。

现在你知道了这一点，那么，当你所在的群体中，有成员有了威胁到团队力量的新想法时，你应该可以做得更好。你不需要把她拉回"正常"状态，因为你们没有危险，她也不会做出对你不利的选择。支持她，爱她，告诉她你是她最忠诚的粉丝。

不幸的是，当你的创业雄心被视为一种威胁时，你除了忍耐和坚持外别无选择。你必须把注意力放在自己的生意上，而不是你的邻居对你公司的看法上。更糟糕的是，每次的家庭聚会，无论你的

==阿姨对你的创业梦想说些什么，你都必须更加努力地把注意力集中在创业上。==

你不得不和你关心的人进行艰难的对话。即使他们不喜欢你提供的产品或服务，或者不喜欢你如今拥有的公司，你也要向他们解释，告诉他们这些小小的行动和评论给你带来了什么样的感觉，并且寻求他们的支持。我想你会发现，他们中的大多数人都会照你说的做，因为对他们而言你很重要。他们不一定能把你店里积压的T恤抢购一空，但他们知道什么时候应该停止恶意的、伤人的评论。如果他们不愿意这样做，那么，你们之间的友谊真的还值得挽留吗？花额外的时间和他们在一起还值得吗？请记住，他们脑海中的消极情绪不是你造成的，而是他们自己造成的。不要让他们破坏了你相信的东西。

与此同时，你会发现你的家人和朋友并不是唯一对你的新公司感到害怕的人。创办公司这件事本身就会在你心中引起恐慌，你不知道自己的创业进程发展到了哪一步，或许多年来你从来都没有想过创业这件事，如今要将其付诸行动，你感觉其他人都在看着你。

2015年3月，我已经做了两年的精油生意，而我发现自己陷入了恐慌的情绪中，不得不减少工作时间，去进行一些心理咨询，来消除我对失去领导者身份的恐惧，以及对自己资格不够、做得不够、想要表现得更完美的困扰。

当时我的状态真是一团糟，但这次心理咨询帮助了我。虽然我并没有奇迹般地被治愈，但确实变得更有能力去应对这一切了。我坚信，我们的心理或多或少总有一些毛病，寻求专业人士的帮助，有益于我们的生活和事业。

我还通过读书来克服恐惧。关于如何应对恐惧，我听到的最好的建议是将它从我的脑海中抹去，写在纸上或者大声说出来。如果你能做到这一点，它就不会那么可怕了。

当我还是个小孩子的时候，有一段时间我一直担心某天晚上自己会被食人族绑架。你能想象吗？这种莫名的恐惧让我晚上无法入睡。但第二天早上，面对阳光时，我总是会问自己为什么要害怕。这跟我今天写下或大声说出我的恐惧时感觉一样。我真的觉得，令我感到恐惧的事情确实十分愚蠢，因为它是那么不现实。有时我会在社交媒体上向我的粉丝解释我的恐惧，让他们意识到我们是相似的，这也能让我意识到，我有责任不让恐惧左右我的生活。

有一天，我看到一位作家在网上被网友痛骂，我吓坏了。假如那件事情发生在我身上呢？接下来，我做了几次深呼吸，并在社交媒体上与我的粉丝分享了我对这件事的感受。第二天早上，我打起精神，做好了面对恐惧的准备，无论网友决定向我扔来什么，我都会坦然面对。

在我的职业生涯中，我学会了用内心的恐惧来暗示自己，这对我来说可能是件好事。越是害怕，越要勇敢去尝试！比如，如果我害怕写一些真实的东西，我就会把对被拒绝的恐惧或对网上风言风语的讨厌当成写作的动力。

我发现，其实我在工作中取得的很多进步都源于克服恐惧。当我能坦然面对那些可怕的东西时，这一天的工作就会感觉很好。每次我这么做，事情就变得容易多了。我不太在乎别人怎么想。

我希望这些内容中的一部分能对你有帮助。试着感受恐惧，把它当成你的一种反应,然后勇往直前,去做你无论如何都要做的事情。如果它一直存在或者反复出现,就试着和朋友或咨询师聊一聊。

克服恐惧的过程也许不会让你感觉很好。甚至可能很受伤。但这是值得的。这是你掌控自己的事业时,一个十分困难的挑战。"如果……会怎样"以及消极的自言自语,都是很难克服的。但如果你愿意,勇敢地去体验这一切,就可以改变你的生活。

如果你愿意,你创立的事业将使你在各个方面得到发展,你也会成为一个更加投入、更加自信的人。为你的创业做好全面的计划,并且努力使这份事业对你的一生都有帮助。

Boss Up!

第 13 章

财富跃迁第十课：

设定目标，努力工作，拒绝失败

CHAPTER 13

朋友们，你们听过艾德·希兰（Ed Sheeran）的音乐会吗？在一个人挤人的体育场里，他走上台，拿出吉他，踩踩脚踏板上的几个按钮，然后就开始演唱。一个人，他的身后没有乐队。我猜他对他的红头发或他穿的衣服一点也不关心。但他的演唱会太棒了，简直让人难以置信。

我最近听了希兰的一段采访，他谈到了在酒吧里刻苦打磨自己演奏技能的日子，在烟雾缭绕的房间里演奏，只为挣到足够的钱去参加下一场演出。但即使是在最初的日子里，希兰也有着远大的目标。他回忆道："两年前，我说我想在伦敦的温布利球场演奏。今年，我在那里举办了3场演唱会。当你大声说出梦想的时候，人们会以为你疯了。请你不要在乎。如果你做到一半就离开了，那才是最糟糕的事情。"

希兰从来没有给过自己备用计划。相反，他设定目标，努力工作，拒绝失败。这正是我们在本章将要深入探讨的。

现在，我会将注意力集中在这个地方，也许会有点简单粗暴。我们一起学习了9堂财富课，现在，你已经可以自己当老板了。如果你做好了准备，接下来我要分享一些残酷事实，这些事实或许会让你有点恼火，却能让你得到你想要的结果。

"SMART"原则：设定可实现的目标

设定和推翻目标是我在生活中最喜欢做的事情。我活着就是为了设定超越自我的目标，然后设法去实现它们。

2005年的一天，我和妈妈一起参加了一个房地产会议。当时我是她的交易协调员，在市场部工作。在那次会议上，我很高兴地听企业家兼作家吉姆·罗恩（Jim Rohn）畅谈怎样设定目标。那天他说的话改变了我的一生。

那一天后，我开始在人生的6个方面设定目标：个人、精神、财务、健康、事业和人际关系。我制定了5年的长期目标与1年的短期目标，这些目标相互关联。这种设定目标的练习帮助我朝着最终的长期目标迈出了小小的步子。这些小小的步子让我不断前进，使目标在我的脑海中保持鲜明。

不管你读了多少励志或商业书，它们的作者都会主张，设定目标的行为具有不可思议的力量。但如果我们对自己诚实，在人生的各个方面都设定目标，最后可能会让自己望而却步。这样的目标需要我们去面对和清除人生中各个黑暗角落里的蜘蛛网，认真思考什么能让我们快乐，在短暂的一生中我们想要什么，以及真正重要的是什么。这个思维过程可能会十分容易地引导我们走上"应该、会、能够做到什么"的道路。最重要的是，虽然诚实面对过去的错误是个很好的学习机会，但它也会引发消极情绪,而消极情绪会使你不再快乐。我们必须分辨出正视自己的人生道路与沉溺于悔恨、自我厌恶之间的区别。

如果你愿意,我建议我们继续向前,照亮那些黑暗的角落,尽我们最大的努力扫清前进的障碍,而且,我建议我们在自己的企业中创造一个空间来做同样的事情。我们必须在人生的各个方面都积极追求人生的意义,这样才能称之为成功。

我们都想成功,对吧?那么,让我们追求它吧,不仅在生意上,还要在我们的个人和精神生活上、财务上、家庭里。我们获得成功最可靠的工具就是设定可量化的目标,并且将目标写下来,在浴室镜子上或墙上贴一份,好让你每天都能看到。与你的配偶和朋友分享。在手机上设置提醒。尽量每天都去回顾它们。

经过大量目标设定的实践,我开始相信,在长期、短期和日常这3个阶段设定符合 SMART 原则的目标,是实现目标的最好方法。从现在开始,你写下的每一个目标都应该符合以下标准,虽然你可能听说过 SMART 原则,但还是让我们回顾一下吧。我们谈论的目标,需要符合以下标准:

- 具体的(Specific)
- 可度量的(Measurable)
- 可实现的(Achievable)
- 有意义的(Relevant)
- 有时限的(Timely)

你能理解其中的区别吗？普通的目标可能是这样的："我想读更多。"而符合 SMART 原则的目标应当是这样的："我每天晚上抽时间阅读 15 分钟，不分心，也不心怀负罪感。"

设立长期的目标

为了最大限度地发挥设定目标的作用，并且使之为我们提供最佳的成功机会，我们得遵循一份精确的规划，首先设定长期目标，是在这条道路上起步的最佳途径。想想，5 年后你想达到什么水平？谨记 SMART 原则，然后写下你的长期目标。

1. 个人。你想为自己做的事情是什么？在未来的 5 年或 10 年里，你个人希望实现什么目标？这个部分是专门为你准备的，没有对错之分。不要写下为了别人而设置的个人目标，比如为你的伴侣或孩子。

_____

_____

2. 精神。认真地看待你的精神生活。如果想花更多时间只专注于你的信仰，你可以改善些什么？从精神角度来说，你在与什么作斗争，在哪些事情上有着强烈的探索欲望？为建立你与信仰之间更强的联系，你会做什么呢？

_____

_____

3. 财务。在生活中，金钱往往是一个很难处理的东西。如果不小心，它就会给我们带来很多问题。你可以参加哪些投资项目来改善你的财务状况？你能做些什么，让你的钱能更好地为你的生活服务？

_____

_____

4. 健康。没有写下行动计划的健康目标很容易被你遗忘和搁置。你愿意通过哪种活动来实现健康目标？什么样的评估有助于你更了解自己的健康状况？健康的体魄和心理，对改善你的生活有什么帮助？

_____

_____

5. 事业。作为创业者，我们为自己的事业设定了很多目标。从大局来考虑，你想为你的企业做什么？创办一家盈利的企业，会给你带来什么回报？你希望你的事业给你带来多少收入？又要如何实现？

_____

_____

6. 人际关系。你需要重点培养与身边人的关系。想想怎样才能与孩子、配偶和朋友建立更多的联系。如何向人们展示他们对你的重要性？

_____

_____

设立短期的目标

现在，你已经把自己宏大的长期目标写在纸上了，接下来让我们把这些目标分成更小的步骤。为每个大目标写下两个步骤，是一种很好的做法。这样你就能将一些未来才会发生的、感觉很遥远的事情进行分解，这有助于你专注更容易实现的目标，同时也可以帮助你朝着更大的目标前进。短期目标越具体越好，同时，应当列出明确的时间表。最好确保你划分的步骤仍然遵循 SMART 原则。

1. 个人

2. 精神

3. 财务

4. 健康

5. 事业

_____

_____

6. 人际关系

_____

_____

如果你发现为实现目标要做很多讨厌的事情，那就要毫不犹豫地改弦更张。这些是你人生中要实现的目标，所以你要制定规则。

我最近给自己定了一个目标："每天写作两小时。"我花了大约3天时间才意识到我讨厌这个目标。我不再简单粗暴地要求自己一定要成为一名作家，而是改变了目标，让写作的过程对我来说更有趣。如今，我的目标是每周写作 10 小时，而不是每天都写。这样一来，我就不会受到时间表的束缚，而是在知道自己这一周无论如何要写 10 个小时的情况下，灵活地安排时间。

现在你有了实现目标的完整路径。我建议你经常检查一下这些短期和长期的目标，如果可能的话，每天都检查一下，这样你就可以在忙得焦头烂额的生活中朝着你想要完成的目标前进。

关于平衡的提醒

其实，我并不相信平衡这种说法，你也许感到惊讶吧。我不相信，如果你在办公室里忙得团团转,在为完成某个目标而备受折磨,你就会在人生的其他方面变得轻松。同样地,我也不相信当你的家庭出现变故,比如母亲住院,或者十几岁的孩子开始闹情绪,你还能轻松地应对在其他地方发生的事情。

当我努力工作的时候,我对待朋友的态度非常糟糕。我会拒绝所有朋友的邀请,以确保我有足够的时间来发展事业。我很多次忘记了去教堂。我不是最关心孩子的母亲,也没有像我计划的那样经常去健身房。

从我们的生活中找到平衡是很困难的,甚至是不可能的事情。我们在生活中经历这样或那样事件的时候,很难将注意力同时分配到其他方面。

世事无常,有时候,你在生活的某个方面蒸蒸日上,却发现另一个方面举步维艰。这都很正常。

无论如何,我建议你写下生活中各个方面的目标,因为随着环境和条件的改变,你可能将集中在某个方面的精力转移到另一个方面,这也是没关系的。

但有一件事要记住,这些是你的目标,这是你的人生。**你想要什么都行,鼓起勇气自信地去追求你想要的生活。不要受制于别人要求你平衡生活的想法,拼了老命想要达到一些不可能的标准。**对我来说,这会使我本来就不快乐的情绪转变成抑郁,不要这样对自己。

尽你所能做到最好,当你真正专注于生活中某一个方面的发展时,其他方面就必须有所让步。

实现梦想不容易，但值得

你曾经被卷入过互联网这个"梦幻奇境"中吗？

我不是在开玩笑，大多数人会用另一个问题来回答我：要不你还是猜猜我每天会"网上冲浪"多长时间呢？

我理解你。今天，我读到了珍妮·艾伦（Jennie Allen）的一篇博客，她在其中引用了她丈夫的话："男人们不知道他们的梦想是什么，而女人知道，她们只是害怕实现梦想而已。"我真要对这句话鼓掌。她说得太到位了。

很多男人不知道他们的梦想。他们在十分年轻的时候就进入了某个特定的领域，并且被这个领域束住了手脚。他们无法去追寻梦想，因为这很可能会使他们的家庭变得不稳定。他们认为，自己必须得到家人的支持才行。

那么女人呢？通常只需要和她交谈几分钟，你就能弄清她的动机。她会告诉你她喜欢的每一个细节。如果你真的想了解她，她甚至会告诉你，她对自己和家人心怀怎样的梦想。这就像小时候玩过家家一样，她创造了一个完美的场景，却将其深深地藏在了脑海中。

一位妈妈在谈到她的梦想的精彩部分时，通常以"如果不考虑我的家庭的话"作为开头，这是妈妈们的标准思维。而坚持按照计划采取行动，并实现梦想，真正创造她想象中的生活却完全是另一回事。这都归咎于恐惧。

但我想，除了恐惧之外，还有一些东西在阻止我们前进。有些人可能很难听进去下面这些话，但我还是要说。

根据我在公司中观察到的情况和我个人的经历，我认为我们常常会因为创业的艰苦而裹足不前。

这并不是说我们懒，至少不是说我们大多数人。我们身为妈妈，本身就已经很努力了。通常情况下，安排日程、准备一日三餐、打扫卫生以及操持家里的基本家务，都得靠女人。所以，也许我们还没有准备好在我们的副业上投入大量的精力，因为我们已经筋疲力尽了。

在某种程度上，即使是在这个"妇女能顶半边天"的时代，很多女性也不知道遭受身心折磨是什么感觉。很多人从小就有一种文化观念：坚强的男人才应该卖力地工作，而漂亮的女人们应当做一些更加柔和的事情。这种观念，是我们在成长的过程中由社会、家庭和学校无意识地灌输给我们的。

不管出于什么原因，许多女性其实并不适合创业。不是说她们没有能力，而是她们没有准备好。尽管如此，我们现在可以开始做好准备，因为勤奋工作的一部分目标就是扭转我们自我摧残和扮演受害者的倾向。

你可能是自己通往成功的最大障碍

让我说句大实话，我们已经谈到为你的公司承担最终责任。我们也已经讨论过，当你真诚地对待你的受众，而他们却利用你的真诚来对付你时，你会有多难。成为一名企业家，要面对许多未知的事情。但是，唯一能阻止你实现目标的人，其实是你自己。你可能是自己通往成功的最大障碍。

我知道，我才是那个阻挡自己去追求梦想的人，举几个例子来说：

- 我不相信我有价值。
- 我不相信我能行。
- 我怀疑我的选择。
- 我相信我对自己的怀疑。
- 我屈服于我的恐惧。
- 我不知道怎样从失败中吸取教训。
- 我十分渴望被人们认可，结果，这种渴望搅乱了我。

除此之外，我还能举出上千个理由来反对自己。

2013年，我开始创办网络营销公司时，我制定的流程和创意似乎打破了公司的常规。我们发展的速度快到让其他同类公司相形见绌。他们不希望我超越他们，因为我还没有"付出代价"。但是，他们不理解我和我的工作方式，也没有花时间来了解我。他们只知道，他们无法接受我的团队正在做的事情，这些是他们以前从未见过的。

我听到了一些说法：

"你不可能以社交媒体为基础创业。"

"在这个行业中创业，你永远不可能成功。"

"我们不像你那样工作。"

关于我的谣言和闲言碎语，传得十分厉害。我每周都会在公司办公室收到恐吓信和电话，试图让我关门大吉。有些恐吓甚至来自其他公司中很有威望的领导者。

我一边努力增长业务，一边又成了行业内的头号公敌。这很可怕，也很伤人。这是我一生中做过的最困难的事情之一。

现在，我已经不像以前那样总给传统公司带来麻烦了，充满抱怨和仇恨的电子邮件向我飞来的速度也慢了下来。到今天为止，我们的企业发展得非常好，我们已经有能力继续留在这个行业中了。即便如此，当尘埃落定之后，我仍然对与其他公司的领导者共处一室心存芥蒂。我总会小心翼翼地退后几步，一个人待着，避免和别人交谈。因为我仍然记得那些领导者对我说过的话以及他们曾经怎样伤害我和我的公司。我不想再经历一次。

这是成为行业颠覆者的难处。我的内心一直在告诉自己，即使过了这么多年，其他团队的领导者仍然讨厌我和我所代表的东西。

在我的脑海中，我知道这也许不是真的。有几个同事甚至让我坐下来，严肃地告诉我行业里的大多数人实际上并不恨我。一开始他们可能对我有意见，但那更多的是他们自己的问题，都是过去的事情了。

也许他们说得对，但这仍然是我最难相信的事情。

行业里可能还有一些领导者对我非常反感，对此我无能为力。**我相信有人讨厌我，但是如果我对此担忧，那就是我自己的问题了。**

在这种情况下，我有自己的应对方式。我可以主动与那家公司的其他领导者建立关系，但我却因为害怕而退缩了。这只是我在实现目标和充分发挥潜力道路上的失败事例之一。我可以肯定地说，面对困难选择逃避的人绝对不止我一个。

我希望你能认真地思考你的事业，并且写下一些阻碍你发挥潜力的因素。拖延、担心、愤怒、怀疑自我价值或不与别人沟通，你做了哪些会妨碍自己成功的事情？把这些自我破坏的想法、感受和行为写在纸上，当你陷入背离目标的坏习惯时，就能及时意识到它们了。

财智悟语

我发现了一个好办法，可以帮助我判断自己是否正在朝着目标前进，那就是问问自己，相信的是事实还是假想？

我和丈夫结婚了。这是一个事实。

有时他希望自己没有娶我。这是一个假想。

如果我把这种假想当成事实来行动，那就说明是我自己出了问题。我需要做的是通过交流，让丈夫告诉我某件事是真的还是假的，从而解决问题。

现在，请你列出 5 种倾向自我破坏并最终损害你事业的情景：

1. _____
2. _____
3. _____
4. _____
5. _____

自我破坏是一种有害的习惯，但习惯是可以被打破的。以下是一些有助于克服自我破坏的策略：

1. 认识到自我破坏的行为模式。问问自己为什么拖延或完成不了目标？你为什么违背了自己许下的承诺？

2. 当你开始对自己产生消极的想法或感觉时，把它写出来。你有这种想法或感觉的时候，把它们写进日记可能会有帮助。写在纸上，有助于你释放自己的记忆空间，并且让你不再纠结于它们。

3. 问问你自己，我相信的是事实，还是一种假想？如果这不是数据支持的事实，你就会对自己的消极想法或感觉产生怀疑。

4. 记得要像剥洋葱那样，一层一层剥开。消极想法或感觉背后究竟发生了什么？它们从何而来？是否与你过去的伤痛有关？

5. 寻求反馈。从你的生活中找一位"诚实的人"作为朋友是一个好主意。当你问他们时，他们会告诉你真实的想法。询问那些爱你的人，了解他们对你的行为或想法持怎样的看法。如果他们发现你在自我破坏，让他们直言不讳地告诉你。

6. 鼓励自己。用一个肯定的陈述句来证明你的想法是错误的。并把这句话写在浴室的镜子上，每天看着自己的眼睛，大声对自己说出来。这听起来可能有点傻，外人在场的时候你可能不想这么做。但无论如何都要试一试。积极的肯定可以改变人生。

烧掉"受害者"旗帜

我对我收到的电子邮件、群里的帖子,以及网上的普遍态度进行了一番调查,发现它们都有一个共同点。那就是总能找到一位受害者。

事实上,在我们的故事中,几乎人人都有成为受害者的"机会"。几乎人人都曾遭遇过不幸。这不是我们自找的,我们的确没有能力防止伤害。我们也有理由给自己贴上"受害者"的标签。如果你愿意,真的可以高举"受害者"的旗帜。

是的,你可以这样做。

不过,如果你想达成内心深处真正渴望的成功,你想朝着你向往的家庭生活迈出实质性的一步,就必须放下那面"受害者"的旗子,烧掉它。你不需要忘记发生在你身上的事情,依然可以讲述你的故事,但你不能把这些作为不去发挥自身潜力的借口。

你想变得伟大吗?那就要烧掉"受害者"旗帜。

我听过最令人惊叹的故事,来自那些拒绝用"受害者"来定义人生的人们。耐克(Nike)公司的每一条广告都是关于这一点的。我要大胆地说,我认识的所有成功人士都已经放弃了受害者身份,他们烧掉了那面"受害者"旗帜。

在我的脸书群里,提到的最多的问题是:我还没有自己的公司怎么办?也总会有人找出下面的借口:

"这个月我没有成长,因为我的伴侣没有尽到自己的责任。"

"我的脸书无人问津,这就是我没有成长的原因。"

"她没有花足够的时间陪我。"

"她不会给我回信的,人人都讨厌我在做的事情。"

"他们伤害了我,所以我完了。"

"我不会制图,所以卖不了我的产品。"

我还可以继续说下去,我敢打赌,你一定对说这话的人翻过白眼。我们很容易看穿别人的狡辩,却在对自己说着同样的谎话。我们在自己讲述的故事中扮演"受害者",因为这样会更轻松。比起承认"我就是没有完成任务""我没能大胆尝试新事物"或"我总是装作自己已经十分努力了",责怪他人、归咎于环境或者成长乏力,会让我们心里好过得多。

我知道你已经厌倦了抱怨、发牢骚、指责和做"受害者"的状态。最起码,我已经厌倦了这些。为什么还要让自己成为这种人呢?

我这也在说自己。我无法抗拒扮演"受害者"的诱惑,从小就学会了如何得到想要的东西,因为没有人会主动给我。我曾有过一些不幸的经历,随着我越来越成熟,更多不幸的事发生在我身上。多年来,我曾对此感到痛苦和愤怒,我自己也曾让"受害者"的旗帜高高飘扬。

你知道吗?如今,我感激所有发生在我身上的不幸。虽然这使我在一些方面感到自己比很多人艰难,但我学会了如何把事情做好,学会了尝试新事物,学会了怎样勤奋工作。我明白了痛苦中蕴含着力量,同时也认识到,无论怎样纵容自己,都无法改变过去,也无法让现在的我变得更好。因此,我确定我不是一名"受害者"。我才是那个不顾一切、承担责任的人。

是时候结束这场受害者闹剧了，是时候烧掉"受害者"的旗帜了。让我们承担责任，让我们假设事业中发生的一切都是我们的责任，即使这不是事实。学会尽自己所能把手指向自己，而不是别人。

当你烧掉了"受害者"的旗帜时，你会发现自己更加热爱工作，并且你在达到目标时感到更加满足。

所以，从今天开始，我们不要再沉溺于"受害者"身份了。要把它扔掉！我们将成为自己的解决方案，不会等着别人来帮忙解决我们自己的问题。我们做出艰难的选择，将全力以赴为自己赢得英雄的称号。

因为我们是女人。

因为这就是我们该做的事情。

勇者永不落寞，永远直面挑战

当你拥有自己的事业时，唯一能炒你鱿鱼的人就是你自己。致使你梦想破灭唯一的原因就是在到达终点线之前放弃。

如果你开始觉得：就这样吧，我受够了，我想换一个梦想。那你是时候选择一条新的道路了。你不会放弃你觉得自己该用一生去做的事情。如果你确定了你的目的，就必须坚持到底。如果你不能让第一辆车动起来，换一辆就可以了。

当你确信自己已经受够了时，你很可能正在通往实现目标的道路上发现一个或多个转折点。事情没有按你的计划发展，此刻你能看到的只有失望和失败。你不记得自己当初为什么要创业，现在唯一能想到的就是退出。

当然，你可以这样做。你是一个成熟的女性，是自己的老板，你有权利选择放弃。你甚至有离开自己的企业，选择另一条路径的正当理由，但恐惧不是其中之一，沮丧不是其中之一，失败也不是其中之一。不要放弃追求梦想，除非你的梦想真的改变了，除非你经过长时间的思考和努力，最终确定自己想从生活中得到别的东西。

即便如此，在你做出放弃的决定之前，我要求你做以下几件事情：

1. 记住你人生的意义。刚开始的时候，你表现得势不可挡。现在问问自己，当初的你哪儿去了？

2. 考虑一下改变你的工作方式。看看有没有让你能够在不用放弃梦想的情况下仍然达到最终目标的工作方法。

3. 想想是什么让你产生了这种挫败感。它是你可以改变的，可以避免的，可以远离的吗？或者你也可以找到一种变通的方法。

4. 问问你自己，你是否做了一切力所能及的努力？有没有可能你只是放弃得太早了？

5. 想想接下来会发生什么？你有什么计划吗？是不是有什么不同的东西在吸引着你？永远不要为了不切实际的东西放弃你的梦想。

6. 明天再放弃。告诉自己，今天不是放弃的好日子。你得再考虑一下，寻求明智的建议。开始和放弃都是需要深思熟虑的重大决定。不要掉以轻心！

你的渴望、热情和梦想，都值得你付出不懈的努力。不要成为那种每周、每月或每年都要"换点什么"的女人。每隔一个月就有一个新梦想的人，永远无法实现梦想。这种人每次着手做一件全新的事情，起初总会全力以赴，但几个月后，对那件事的热情就消退了。然后就开始做下一件事情，以为这样就能建立事业和创造有意义的生活。我在居家创业者中经常看到这种情况。人们从一件产品换到另一件产品；从一个想法跳到另一个想法，总想着下一件产品会让他们变得富有。难怪他们的生意从来都没有起步。他们不愿意为了企业的成功而长期坚持下去。或者，他们就是不愿意为之付出足够的努力。

但我不是那样的，你也不是。我们不是柔弱娇嫩的花朵，我们能够战胜困难。我们不能仅仅因为事情变得艰难，就以为放弃梦想是正确的选择。我们是坚定的创业者，拼命工作，想要抓住我们一直梦想的生活。我们要打破恶性循环，为自己和家庭创造美好的生活。

朋友们，这关乎你的事业，所以你要坚持，拒绝失败。如果你决心要成为成功的创业者，并取得重大的突破，就得放弃选择，不能再沉迷于自己的备用计划了。

我很现实。失败是事业的一部分并且是很重要的一个部分。很多你尝试过的事情最后都会以失败告终。有时候你会哭得很难看，有时候你会摔个四脚朝天，但最终会学到很多东西。这些学到的东西将证明你并没有真正失败。

例如，我没能说服客户接受一个新的项目，因为我在分享产品时用力过猛。由于那次失败，我不得不做大量的止损和"灭火"工作，但这次失败教会了我怎样做事更加细致，并且学会体谅别人的情绪，以免在计划公布时吓到别人。

如果你不从失败中吸取教训，那么失败就只是一种浪费。当然，这种情况还是会有的。我们都知道路面凹凸不平会把人绊倒，但没有人能保证自己未来不会再被绊倒。

我有一位女性朋友，她一生都在犯同样的错误，但她自己却看不出来。因为她离问题太近了，她把那些能告诉她真相的人拒之门外。她得知道，她最大的优势就是，从一个爱她，并愿意告诉她真相的人那里获得全新的视角。我们所有人都应该这样。

拒绝失败并不意味着我们可以不经历失败。成功都是在经历了一次又一次的彻底失败之后才到来的。我们可以失败，但这并不意味着要放弃梦想。

这个星期，迈克尔和我找人来装修我们的地下室，那位装修承包商对我说："因为工作辛苦很多人不愿意从事这一行，但我们这个行业却因此能赚得更多。"

没错，在任何的企业或有风险的事业中，你必须在一个只有强者才能生存的环境中占据一席之地。虽然这很痛苦，但如果你不去努力，就不可能成功。做伟大的事情，需要内心强大，而这不是免费得来的。

有些人会因为各种原因成了自己的"成功破坏者"，这是你无法控制的。你只能控制你自己。

当梦想真的难以实现时，大多数人会放弃。他们会认为这不是他们真正想要的。他们之前为了实现目标愿意牺牲很多，但现在，他们打算改变想法。

如果创业容易，那人人都可以成老板。真正的企业家少，因为创业的确很难。但你可以做到,你可以拒绝失败。当别人退缩时,他们只是在为你的成长铺路。当你的竞争对手退出时,你就能迎难而上了。

如果事业是你人生的意义,你就不会轻易放弃。你会像我一样,我需要我的事业,就像需要空气一样。这就是我爱的。再多的失败也不可能使我放弃梦想。我对这种产品、服务或机会有着很深的感情,我会想办法让它们变成现实。

这是一种心态,它绝对需要意志力。如果你做得对,就会在工作日结束时把所有的事情摆在桌面上,让自己做一些以前没有做过的、困难的事情,这样你就能学到新的东西,让你余生中都能做正确的事。

如果你和我一样在家工作,你的孩子白天总是会进进出出,分散你的注意力。一边面对着等着我去做的事,一边面对着吵着要再吃一块点心的孩子们。要想同时处理好这一切,真的是非常困难!

事实上,我之所以会选择先去做自己该做的事,一部分原因也在于我的孩子们。如果她们想要学会面对困难坚持努力,那就需要看到我先做好榜样。我希望她们能从我的目标、工作、失败和拒绝放弃中汲取经验和教训。

此外,我之所以做我所做的事情,是因为我相信,这个世界需要我,不仅是我提供的产品,还需要我的教学、生活经验和鼓励。没错!这个世界也需要你,需要你的画作、手工艺品、摄影技巧,以及你的组织才能。

这个世界需要你。在我看来,这就是你永远不应放弃将梦想变成现实的充分理由。你足够强大。足够聪明。你需要的一切,都任由你掌握。你只需要设定目标、努力工作、拒绝失败。

结 语 Boss Up!

命运偏爱勇者，继续向前一步

如果你想在一项新的事业上碰碰运气，那么你将体会到一些艰辛，因为人们会想方设法找你的茬。作为一位妈妈，相信你已经体会过这一点了。这与你无关，而与他人的不安全感有关。从事新的事业是有风险的，这会让很多人感到不舒服。

为了避免让你失望，我建议你与其听别人对自己的看法，不如找本名人自传看一看。如果你内心深处的想法是经营自己创办的公司，就不能仅仅因为邻居的朋友的表弟认为这很疯狂就退缩。不要听他们的意见，继续埋头苦干，在通往成功的路上一定要记得冲他们挥挥手。

面对障碍和挫折，很多人退缩了，你不能这样！不要低头，也不要退而求其次，因为这正是那些讨厌你的人希望你做的。不要相信别人的谎言和想法，不要一心求保险，只做别人认为对你好的事情。

你要抬起头接受挑战，用你的行动证明他们是错的。

其他人可能会放弃，但你应该坚持到底。你该感谢你的家人，他们牺牲了和你在一起的时间，让你追逐自己的梦想。你应该用你的事业来服务他人。

当别人都放弃的时候，你最大的机会就来了。做最能坚持下去的人。把竞争对手的放弃，当作你困难时期前进的鼓励。你将与客户合作，让他们成为你的一部分。是的，你将继续前进。

朋友们，到这里就告一段落了。是时候自己来当老板，做点事情了。我会在场边用我最大的声音为你加油。把这本书放在你的包里。向前一步，动起来，重新开始。

成功就在等着你，你只需要准时到达那里。

关于作者 Boss Up!

流量创富时代，
集家庭与事业于一身的女性励志典范

琳赛·蒂格·莫雷诺是一位畅销书作家、播客主播，她还拥有 3 家产值达百万美元的企业。在她的理想世界里：互联网上的视频可以想看就看；上午 10 点才应该算是一天的开始；而遛娃（play-date）这个词则应该从英语中消失；她还希望干洗香波能够免费；洗碗机会自动把使用过的餐具装进去清洗。

在短短 2 年的时间里，琳赛仅仅通过社交媒体就获得了 7 位数美金的个人收入。同时她还要在家里照顾 3 个女儿，肩负起母亲的所有职责。在管理公司的同时养育孩子并不容易，但一切皆有可能。

琳赛的文章简洁、生动、朴实。她成功的动力很大程度上来自她坎坷的人生经历。琳赛的母亲 53 岁就离世，她甚至来不及悲伤，就要投入到照顾一个新生儿和一对一岁双胞胎的任务当中。这些生活经历激励她成为居家带娃的创业者。琳赛对失败并不陌生，她不害怕谈论富有挑战性的话题。她既能让人开怀大笑，又能显示出脆弱的一面，这正是她的写作深受众多女性喜爱的原因。琳赛在遇到难事时是不会退缩的。

她在亚马逊的另一本畅销书《让别人注意到你》(*Getting Noticed*)讲述了她从无到有在互联网上发展多项业务的经历。美国全国广播公司财经频道(CNBC)和《创业者》(*Entrepreneur*)节目特别报道了琳赛的销售业务，该业务预计将在2019年带来3亿美元的收入，并在5年内发展成为一个拥有超过52.5万名成员的社交媒体团队。

琳赛不像大多数创业者和演说家那样说一些鼓舞人心的废话，她对于分享的目的和意义非常清楚。无论是阅读琳赛博客里的文章、社交媒体上的动态，还是已出版的书籍，你都会获得一些货真价实的建议。她会建议你走自己的路，鼓励你开始创业、增长业绩、拓展业务。现在就准备好将你的梦想变成现实吧！

附 录 Boss Up!

向前一步&勇敢进取

极简财富自由笔记

你想要整理你学到的东西,但是记笔记并不是你的强项?我太懂你了。在这里,你可以找到整本书和各章节的概述,以便帮你将正在学习的东西分解成一小块一小块,分享给你的粉丝群。

创富从什么时候开始都不晚

这本书通过阐述基础知识,让你做好创业前的知识和心理的准备。琳赛诺讲述了10堂财富课程,以及她通过这些课程中讲述的方法积累财富的故事,这些理念会让你在学习的过程中大笑、大哭、脸红、鼓掌。这就是你创业路上一直寻而不得的那本书。

你有一个梦想,但也有嗷嗷待哺的孩子,他们还不停地要零食,你该怎么办?对于那些经常用干洗香波,被磨尽了耐心的妈妈们来说,琳赛的书就是答案。

琳赛讲述了她的故事,从一位全职妈妈"摇身一变"成为产值达数百万美元的企业家。她讲故事的风格坦率且直白,是你一直在寻找的榜样。她将教给你 10 堂财富课程,正是这些理念推动着她的创业迈向成功。琳赛的讲述,既会让你笑,又让你哭;既让你脸红,又让你为自己鼓劲加油。每一位创业者的办公室里都应该有这本书。

第 1 章　做无畏的自己

作为母亲,我们往往重视和鼓舞家人,而忽视了自己的梦想和渴望。我们有一种压力:那是为我们的孩子做好每一件事,"事无巨细,事必躬亲"的压力。而我们却让自己内心的激情随着时间的流逝而消退。琳赛想要告诉读者们,你既可以成为出色的妈妈,也可以花时间和精力去实现心中的梦想。

第 2 章　向前一步,做你真心想成为的自己

琳赛和大家分享了她和 3 个小女儿待在家里的同时,通过创业成为百万富翁的故事。作为一位母亲,承认母亲的角色并不能实现她的人生梦想,她的生活是艰难和充满愧疚的,直到她撕掉了这层"创可贴",找到了作为一位母亲的真正目标。如果你曾经也有过这种感觉,你并不孤单,琳赛已经向你证明这一点。

第 3 章　人生困境重重,但成功的蜕变有法可循

假如你是一个已经忘记了自己的技能、天赋和热情的女性,你得

读一读本书的第 3 章。琳赛会带你做一些练习，以便深入了解你擅长什么，喜欢什么。是时候想起你深埋在内心的创业梦想了，因为这样的梦想，值得你去奋斗。

第 4 章　财富跃迁第一课：从长远考虑，遵循并执行每个步骤

仅仅考虑你想要营销的产品或服务是不够的。你得采取一些基本的行动，在面对拥有一家公司给你带来的各种混乱时，做好充分的准备。琳赛分享了从长远着眼思考你想要什么，以及你要怎样创业的重要性。这一章充满了头脑风暴式的问题和填空的练习，你可以在这个坚如磐石的基础上构筑你的梦想。

第 5 章　财富跃迁第二课：展示真实自我，哪怕在社交媒体上

在网络的世界里，敢于毫无歉意地做真实的自己，是对我们当前文化的公然挑战。你不需要靠一个完美的家庭和能穿下小号牛仔裤的身材来引起人们的注意。你要做的是给你的客户一些真实、可信任的东西，以及一些不完美。琳赛讲述了在展示真实自我的基础上构建粉丝群的重要性。

第 6 章　财富跃迁第三课：要敢于说出你的故事，所有的故事！

我们的大脑天生就会对故事和感觉做出反应，然而，许多创业者一心想着把产品信息塞进客户的脑子，却没有花时间去做那些能带动产品销量和激发人们动力的事情。琳赛引领着读者学习讲故事的流程，

并解释了这些故事是如何激发客户产生购买意愿的。

第 7 章　财富跃迁第四课：创造和发布的内容与品牌始终一致

如果你让自己的客户感到困惑，那么你的产品或服务在销量腾飞之前就会在这个世界上无影无踪。琳赛解释了品牌的一致性，以及促成销售和创造客户黏性的关键点：每天都以同样的方式出现在你的客户面前。

第 8 章　财富跃迁第五课：善用"反销售策略"，深挖客户需求

在传统的销售中，你通过施加压力迫使客户对你的产品说"好"。琳赛向我们展示了如何将客户的需求放在首位，展现出真正的价值，从而赢得忠诚与信任。她还教你赢得拥护者和客户群体的方法。

第 9 章　财富跃迁第六课：相信积极情绪的力量

那些不断抱怨生活的人，不可能鼓舞他人。我们从来都不会追随这种人，不是吗？世界上有太多的消极与分歧，尽管你的抱怨可能引起人们的关注，但这是良性的关注吗？通过本章，你将学习如何创造积极的工作环境，像磁铁一样吸引客户。

第 10 章　财富跃迁第七课：终身成长，让我们从平庸到完美

毁掉事业的最快方法就是相信你已经解决了所有问题。创业是一

个不断学习、改变想法、创新和分享想法的过程。你将了解到站在巨人的肩膀上适应新思维方式的重要性。

第 11 章　财富跃迁第八课：坚持初心，与创业理想建立深层联结

为了让你与客户建立联系，你需要让客户了解你和你的事业背后的故事。受到内心激情引领的公司能够找到与客户建立共同纽带的方法，并将其转化为销售数据。琳赛让你了解你内心深处的动力，以及怎样将这些告诉全世界。

第 12 章　财富跃迁第九课：为你的创业做好长期、全面的规划

许多新手创业者在创业时遗漏了很多细节。读者会开始明白营业执照、保险、合同和沟通对事业的成功是多么重要。琳赛为你列出了详细的清单，提供了为你的企业长期增长做准备的方法。

第 13 章　财富跃迁第十课：设定目标，努力工作，拒绝失败

作为一名创业者，你很快会发现，有时候放弃创业是最简单的选择。如果你对你的产品或服务有感情，而且已经踏上了一条通往成功的路，那么放弃就不能成为你的选择。你将学习如何制定目标，激励自己采取行动，如此一来，即使是在最为艰难的日子里也能不断前进。

后 记 *Boss Up!*

如果没有下面这些人,这本书仍然只是存在于我的脑海里。在我感谢大家之前,我想首先感谢我的家人所做的牺牲,是他们让这本书得以出版、销售,最终到达读者手中。

迈克尔·莫雷诺,我最亲爱的丈夫。很多男人不会坐下来为他们的妻子腾出时间,并鼎力支持妻子完成整个写书的过程。从提出最初的想法和概念,到做好基础工作,创建提案,进行访谈,做出决定,忍受我的过山车般的情绪,为我腾出写作时间、编辑时间和返工时间,你都用爱与支持完成了这一切。你给的支持是我人生中能得到的最大支持。我一直都这么说,而且我是认真的:只有当你在我身边看到回报的时候,这一切才值得。谢谢你!我太爱你了。如此深爱一个人,几乎让人感觉到诧异。来一瓶 2010 年的布鲁内洛葡萄酒,庆祝一下吧!

蒂根·伊丽莎白(Teagan Elizabeth)、波士顿·黛安(Boston Diane)和肯尼迪·艾丽丝(Kennedy Elise),你们 3 个人是我心中的最爱。我希望你们知道,我所做的一切都是为了告诉你们,你们在我心里有多么重要。我经常想象，如果我能回到过去，和你们每个人一起重温那一刻，我会做些什么。我想我会选择坐在空荡荡的地板上，用纸盘子吃中国菜，玩棋盘游戏，在我们新装修的芭比梦想之家风格的主卧室里一起睡觉。我爱我们在一起的生活，有你们3个来分享我的生活，我充满感恩。谢谢你们让我能够抽出时间来写这本书。我太爱你们3个了。

接下来，我要感谢我的经纪人迈克·索尔兹伯里（Mike Salisbury），是他把我塑造成了一名作家。我非常感谢你站在我这边，支持我的团队。迈克，没有你的指引，我不可能也不会想到这么做。感谢你的祈祷、支持、努力和时间。我希望这本书能对你的工作起到应有的作用。迈克尔和我还欠你和艾米一个雪崩游戏（Avalanche game），雪崩游戏是一款玩家躲避雪崩的网络游戏。

整个叶茨出版集团（Yates & Yates family），感谢你们给我和妈妈创业者们一个机会。我很幸运能得到你们的支持，你们是行业中最棒的文学机构。马特（Matt）和海蒂（Heidi），我们在丹佛和你们相处得很愉快，期待再次和你们见面。

我的出版商梅根·多布森（Megan Dobson）和黛西·赫顿（Daisy Hutton），在这本书交给哈珀柯林斯（Harper Collins）出版社之前，我跟你们以及W团队的其他成员打电话交流过，我知道你们的选择是正确的。不是因为通过你们发表作品的其他作者，不是因为团队的天赋，不是因为钱，也不是因为我必须这么做，甚至不是因为我喜欢听你们的南方口音，而是因为你们的为人，与W团队合作，让我感到很安心，因为我知道我喜欢你们，我想成为你们的朋友。选对了人就

261

永远不会出错。我是世界上最幸运的作家，希望我的书可以装点你们办公室的书架。谢谢你们相信我。

梅根，我要特别感谢你帮我删减本书中的内容！正如迈克所说的那样，你真的帮助我保留了书中最精彩的话。你是我取得成功的秘密武器，是我的朋友。每一位作者，要是都有你这样的人来帮助出版发行他们的书，那就太好了。谢谢你！

哈珀柯林斯、托马斯·纳尔逊、W团队的其他成员，你们都是超级巨星，我很感谢你们的关心，感谢你们如此努力地工作，将这本书最终送到需要它的人手中。主编保拉·梅杰（Paula Major）、克丽丝蒂·史密斯（Kristi Smith）、丹尼斯·乔治（Denise George）、阿什莉·里德（Ashley Reed）、金伯利·戈拉迪（Kimberly Golladay）、克里斯汀·安德鲁斯（Kristen Andrews）、洛里·林奇（Lori Lynch），你们是此书得以诞生不可或缺的一部分，你们是我见过的最好团队。谢谢你们！

感谢我的核心圈子中那些愿意为我做一切事的朋友。瞧瞧这个！你们的名字在我的第二本书的封底。你们支持了我两次，我很高兴有一群朋友，他们愿意爱我而不是和我竞争。这太难得了。凯莉·布洛克（Kelly Block）、莉斯·比娜斯（Liz Bienas）、梅丽莎·凯勒（Melissa Koehler）、莉娅·弗里德曼（Leah Friedman）、贾内尔·沃尼加斯（Janell Vonigas）和凯莉·霍纳（Carrie Hoener），我的心中永远都为你们留有位置。谢谢你们的时间、建议，以及支持，陪我笑与哭，带我的孩子们旅行，深夜回复我的短信、电话，并且认真地和我谈话。

莉斯·比娜斯，谢谢你对我的帮助，谢谢你的文字创作，谢谢你的点子不断涌现，谢谢你不知疲倦地列清单，谢谢你不断帮助我。你不仅对我的事业很重要，对我也很重要。我爱你。

凯莉·布洛克，你是第一个读完这本书并给予我反馈的人。当我感到情绪高涨并且需要一个女性朋友时，我都会向你寻求帮助。谢谢你陪我度过过去的 20 年。我爱你。

义香·格林（Yoshika Green），感谢你在文字和福音音乐方面的卓越表现和你的鼓励。你对这本书的评论在我犹豫不决的时候给了我希望。我十分感激你，并且十分乐见我们的友谊在加深。

感谢我四年级的老师考特曼夫人（Mrs. Kortman），在您的课上，您不教别的，只让我们进行创造性的写作。28 年前，是您引导我找到了我最大的爱好之一：写作。您对我人生的影响一直延续到今天。谢谢您！

最后，也是最重要的，我的粉丝们。谢谢你们支持我的工作，谢谢你们来参加活动，听播客，买书，带我去对你们的粉丝演讲，读帖子，加入小组，和别人分享我的想法。这本书既是为了你们也是因为你们而写的。你们以最深刻的方式改变了我的人生。你们允许我带着目标生活。你们接受了我的一切，包括所有的缺点。我为你们加油。谢谢你们！

海派阅读
GRAND CHINA

READING YOUR LIFE

人与知识的美好链接

20 年来，中资海派陪伴数百万读者在阅读中收获更好的事业、更多的财富、更美满的生活和更和谐的人际关系，拓展读者的视界，见证读者的成长和进步。现在，我们可以通过电子书（微信读书、掌阅、今日头条、得到、当当云阅读、Kindle 等平台），有声书（喜马拉雅等平台），视频解读和线上线下读书会等更多方式，满足不同场景的读者体验。

关注微信公众号"**海派阅读**"，随时了解更多更全的图书及活动资讯，获取更多优惠惊喜。你还可以将阅读需求和建议告诉我们，认识更多志同道合的书友。让派酱陪伴读者们一起成长。

微信搜一搜　　海派阅读

了解更多图书资讯，请扫描封底下方二维码，加入"中资书院"。

也可以通过以下方式与我们取得联系：

📞 采购热线：18926056206 / 18926056062　　📞 服务热线：0755-25970306

✉ 投稿请至：szmiss@126.com　　🔵 新浪微博：中资海派图书

更 多 精 彩 请 访 问 中 资 海 派 官 网　　www.hpbook.com.cn